Jacques COENEN-HUTHER

Sociologie des élites

ARMAND COLIN

— Collection Cursus • Sociologie —

dirigée par Gilles Ferréol

Dans la même collection

L. Albarello *et al.*	*Pratiques et méthodes de recherche en sciences sociales*, 1995.
M. Béra et Y. Lamy	*Sociologie de la culture*, 2003.
R. Deliège	*Anthropologie de la parenté*, 1996.
F. Dupuy	*Anthropologie économique*, 2001.
G. Ferréol	*La Dissertation sociologique*, 2000.
G. Ferréol, P. Deubel	*Méthodologie des sciences sociales*, 1993.
G. Ferréol, J.-P. Noreck	*Introduction à la sociologie*, 2000, 5e édition.
G. Ferréol *et al.*	*Dictionnaire de sociologie*, 1995, 2e édition.
G. Gaillard	*Dictionnaire des ethnologues et des anthropologues*, 1997.
M.-O. Géraud, O. Leservoisier, R. Pottier	*Les Notions clés de l'ethnologie. Analyses et textes*, 2000, 2e édition.
J. Guibert, G. Jumel	*Méthodologie des pratiques de terrain en sciences humaines et sociales*, 1997.
J. Guibert, G. Jumel	*La Socio-histoire*, 2002.
A. Guichaoua, Y. Goussault	*Sciences sociales et développement*, 1993.
P. Guillot	*Introduction à la sociologie politique*, 1998.
J. Lohisse	*Les Systèmes de communication. Approche socio-anthropologique*, 1998.
J. Lombard	*Introduction à l'ethnologie*, 1998, 2e édition.
A. Raulin	*Anthropologie urbaine*, 2001.
C. Rivière	*Anthropologie politique*, 2000.
C. Rivière	*Socio-anthropologie des religions*, 1997.
J.-M. Seca	*Les Représentations sociales*, 2001.
M. Valière	*Ethnographie de la France*, 2002.

Conception de couverture : Dominique Chapon et Emma Drieu

Internet : http://www.armand-colin.com

ISBN 2-200-26187-X

Armand Colin Éditeur • 21, rue du Montparnasse • 75006 Paris

— Sommaire —

— Introduction —

Si l'on consulte un dictionnaire de la langue française largement utilisé comme *Le Petit Robert*, on se rend immédiatement compte que l'usage courant attribue deux significations distinctes au terme « élite ». Il s'agit des personnes considérées comme les meilleures ou les plus remarquables dans tel ou tel groupe, à définir. Mais il s'agit également de ceux ou de celles qui, à l'un ou l'autre égard, occupent le premier rang dans un ensemble donné. Dans les deux cas, on a donc affaire à une catégorie relativement restreinte d'individus qui se distinguent d'une certaine façon de tous ceux qui ne font pas partie de l'élite et qui constituent par rapport à eux « la masse ».

Les deux acceptions ainsi proposées de l'élite peuvent se juxtaposer ou s'opposer. On peut en effet tenir implicitement pour acquis que c'est l'excellence, sous quelque rapport que ce soit, qui permet d'occuper le premier rang. Mais on peut également être sceptique à ce sujet et estimer que la prééminence ne coïncide que très rarement avec l'excellence. Il est également possible d'accepter l'idée d'une relation entre la prééminence sociale et une certaine forme d'excellence tout en contestant la validité d'un critère d'excellence généralement admis dans un milieu donné. On opposera ainsi à la formation, à la compétence ou à la culture des caractéristiques comme l'entregent, la rouerie, la duplicité ou encore le conformisme : toutes choses en lesquelles on peut effectivement faire preuve de supériorité. Si l'on poursuit la consultation du dictionnaire et qu'on cherche à s'informer sur des dérivés relativement récents du terme « élite », comme « élitiste » ou « élitisme », on soupçonne bien vite qu'on se trouve confronté à une série de vocables fréquemment chargés de connotations négatives dans l'opinion. L'élitisme, lit-on, favorise et sélectionne une élite *au détriment* du plus grand nombre. Et l'expression citée à titre d'exemple fait référence à un enseignement qui *souffre* de la *maladie* de l'élitisme.

De fait, *Le Petit Robert* est ici le reflet des conceptions les plus répandues à notre époque. Il suffit de lire les journaux ou d'écouter les conversations autour de nous pour s'en convaincre. Le terme « élite », utilisé au singulier ou au pluriel, et ses dérivés « élitaire », « élitiste », « élitisme » sont le plus souvent utilisés dans un but de désapprobation ou de rejet. « Élitisme, élitiste, élitaire (avec ou sans déterminants) », écrit Giovanni Busino, « sont autant de mots chargés de connotations négatives, voire dépréciatives... » (Busino, 1992, p. 4.) Qualifier de nos jours un projet d'élitiste, c'est dans la plupart des cas le disqualifier. Traiter quelqu'un d'élitiste, c'est mettre en doute le bien-fondé de son opinion. Il serait excessif d'y voir une manière d'insulte mais c'est en tout cas le recours à un terme jugé peu flatteur qui dispense de toute argumentation subséquente. C'est ce qui pousse le sociologue et publiciste belge Claude Javeau, dans un pamphlet récent, à revendiquer sur le mode ironique le statut de minorité protégée pour l'élite, « espèce en voie de disparition » (Javeau, 2002, p. 82-83.)

Mais il ne suffit pas de constater cette aversion très répandue pour la notion d'élite ; il faut tenter de la comprendre. À notre époque, dans nos sociétés qui se veulent démocratiques, l'égalité est devenue une valeur dominante. L'égalitarisme est à ce point ancré dans les esprits que l'égalité, en toute occasion, est présumée juste et que c'est l'inégalité qui doit être justifiée. Les aspirations égalitaires très largement répandues se fondent sur trois principes qui, dans leur ambiguïté même, sont partiellement contradictoires. Le premier est celui du mérite : il vise à une égalité de traitement et exige une rétribution adéquate du mérite qu'on s'est acquis. Le second est un principe de répartition : il implique la satisfaction raisonnable de besoins jugés acceptables dans une société donnée, à une époque donnée. Le troisième est un principe de solidarité : il porte sur la préservation du lien social que des inégalités excessives mettraient en péril. Le principe de la satisfaction généralisée de besoins tenus pour « normaux » tout comme celui de la préservation prioritaire du lien social imposent des critères d'appréciation issus d'une logique de nivellement social. Ils ne sont guère en affinité avec l'idée d'une élite se détachant de la masse. Le principe de la rétribution équitable du mérite participe d'une logique opposée. Il fonde l'idée de méritocratie qui est tout à fait conciliable avec les notions d'excellence et de prééminence des meilleurs. Pour rester compatible avec la sensibilité égalitaire, le principe du mérite implique néanmoins l'égalité des chances au départ dont on peut contester qu'elle soit jamais réalisée dans les faits, compte tenu des mécanismes de reproduction sociale que la sociologie a contribué à mettre en évidence. La persistance des privilèges de naissance alimente un débat récurrent sur la nécessité de mettre en place des procédures visant à neutraliser les écarts entre l'égalité proclamée et les inégalités constatées. L'idée de sélection sur la base des performances ou des mérites s'en trouve largement discréditée dans la mesure où la performance est dissociée du mérite. Dès lors, c'est la notion même d'élite qui devient sujette à caution.

Traiter des élites n'est guère à la mode. Comme le note Alain Minc sur le mode polémique, « le mot même est sulfureux, compte tenu de l'atmosphère populiste et récriminatrice » (Minc, 2002, p. 264.) Une sociologie des élites n'est certes pas une sociologie qu'il faille nécessairement qualifier d'élitiste. Il faut pourtant bien que le terme « élite » ait pour elle un sens et lui suggère un objet d'investigation théoriquement et méthodologiquement acceptable. Mais on ne s'étonnera pas d'y trouver l'écho des incertitudes du sens commun. Les notions d'excellence et de prééminence, de notoriété et d'autorité, de prestige et de pouvoir s'y trouveront enchevêtrées ou opposées. L'élite sera traitée tantôt comme une pure catégorie de stratification sociale, tantôt comme une minorité consciente de ses valeurs et de ses intérêts, tantôt encore comme un synonyme euphémique de « classe dominante ». Une théorie des élites sera présentée soit comme un substitut à la théorie de la lutte des classes, soit comme un complément bien venu à celle-ci, soit encore comme un instrument idéologique de neutralisation de la pensée marxiste ou néo-marxiste. En tout état de cause, les sociologues qui ont pris pour objet l'élite – ou les élites – ont cru devoir constater que toute société empiriquement observable comporte une ou plusieurs catégories de personnes qui se considèrent ou qui sont considérées comme appartenant à une élite, que ce soit au niveau de la société prise dans son ensemble ou au contraire dans un domaine d'activité particulier. Il en résulte une grande variété de perspectives théoriques et d'orientations méthodologiques dont il faut démêler les tenants et aboutissants. On s'y emploiera dans la suite de ce livre en prenant notamment appui sur les travaux de synthèse de Giovanni Busino (Busino, 1988 et 1992) à qui l'on doit également l'édition des œuvres complètes de Vilfredo Pareto.

Le problème majeur qui a fait l'objet de controverses nombreuses est celui de l'homogénéité ou de l'hétérogénéité de la classe dirigeante.

Dans cette perspective, l'emploi du singulier ou du pluriel – l'élite ou les élites – est loin d'être indifférent ; c'est ce qu'on montrera au chapitre 1. Ensuite, l'élite comme classe dirigeante sera présentée sous divers aspects au chapitre 2. Mais pour les théoriciens dits « pluralistes », on trouve des groupes en position prééminente dans tous les domaines de la vie, jusque dans la gestion des activités de loisir. Ces élites, aussi diversifiées que peuvent l'être les sociétés modernes, constituent autant de groupes d'influence possibles. Dans certaines circonstances, quelques uns d'entre eux peuvent d'ailleurs se constituer en instances concurrentes de l'élite dirigeante. Ces élites diverses feront l'objet du chapitre 3. Le foisonnement des conceptions et des points de vue a donné lieu à de multiples essais de débroussaillage sous forme de classifications et de typologies plus ou moins élaborées. Celles-ci font appel à des critères subjectifs tout comme à des critères objectifs. En effet, les élites quelles qu'elles soient peuvent faire l'objet de jugements divers et leur propre sentiment d'appartenance peut ne pas coïncider avec la réputation qui leur est faite par des éléments extérieurs à elles. Il sera question de tout cela au chapitre 4. L'élite dirigeante tout comme les groupes d'influence divers se recrutent selon des modalités qui peuvent varier fortement selon les régimes. Toute élite se reproduit ou se transforme également et cela donne lieu à des processus connus sous les appellations classiques de « circulation » ou de « reproduction » des élites. Ces processus peuvent s'observer dans tous les domaines et à tous les niveaux de la réalité sociale mais c'est au niveau des sociétés globales qu'ils acquièrent le plus de pertinence pour ce qui concerne l'élite comme classe dirigeante. C'est au chapitre 5 qu'on traitera de la sélection, de la reproduction et de la circulation des élites.

Chapitre 1

Une question classique : l'élite ou les élites ?

Le terme « élite » est couramment utilisé au singulier ou au pluriel. C'est ainsi qu'on parlera de « l'élite de la nation » ou « des élites qui nous gouvernent ». On évoquera l'élite militaire ou l'élite du sport. Mais on fera état de la nécessité de « former des élites ». On parlera aussi des « élites locales ». Ces quelques expressions que chacun d'entre nous peut glaner quotidiennement dans les médias reflètent la polysémie d'un terme qui véhicule des notions distinctes. Le singulier et le pluriel se superposent fréquemment – mais pas toujours – à une distinction entre excellence et prééminence.

Parler de l'élite, au singulier, c'est opposer ceux qui sont les meilleurs dans leur domaine d'activité aux individus moyens, à tous ceux qui, sans être dépourvus de talents, ne se distinguent en rien de la grande masse de leurs semblables. La conception sous-jacente est celle d'une opposition dichotomique plus ou moins précise entre la masse et ceux qui émergent du lot. Le domaine d'activité dont il est question est très souvent la gestion de la chose publique. Le terme d'élite, pris au singulier, sera donc fréquemment synonyme d'élite dirigeante ou d'élite gouvernementale. Selon les cas, il désignera alors les sphères gouvernementales, la haute administration, la classe politique ou, de manière plus large, tous ceux dont on a l'impression, à tort ou à raison, qu'ils participent ouvertement ou de façon occulte à l'élaboration des décisions importantes affectant la vie d'un pays ou les relations internationales. Cette assimilation de « l'élite » à l'élite gouvernementale peut prendre deux significations différentes. Elle peut accréditer l'idée que ceux qui sont aux postes de commande et de responsabilités sont effectivement « les meilleurs » en ce sens qu'ils possèdent plus que d'autres les qualifications appropriées pour exercer les fonctions qu'ils assument. Dans ce cas, l'usage du terme « élite » équivaut à une légitimation implicite de la composition des cercles dirigeants : ceux qui gouvernent sont effectivement les plus aptes à gouverner et c'est parce qu'ils sont les plus aptes à gouverner qu'ils gouvernent. L'équivalence entre élite et élite gouvernementale se fonde également sur une autre conception, proche mais distincte. Elle peut dériver en effet du sentiment que les membres de l'élite gouvernementale ont au plus haut point certains talents, mais il s'agit moins des capacités à gouverner que des caractéristiques facilitant l'accès aux échelons supérieurs de l'appareil d'État. Le jugement porté sur les individus en question n'implique plus alors l'idée de compétences au-dessus de la moyenne, mais bien celle d'aptitudes exceptionnelles à faire son chemin dans une hiérarchie. Dans ce deuxième cas, c'est le diagnostic porté sur le système socio-politique dans son ensemble qui permet de privilégier la notion d'excellence dans un domaine d'activité ou au contraire l'idée d'habileté manœuvrière. Lorsqu'on fait usage du terme « élites » au pluriel, on fait plus souvent référence aux personnes qui se trouvent en position prééminente dans les différents sphères d'activité. Cela n'exclut certes pas l'idée d'excellence mais l'accent est mis sur les positions acquises et les fonctions exercées. Le recours au pluriel suggère l'état – réel ou perçu – d'une société diversifiée et d'un régime pluraliste, par opposition à tout ensemble social relativement homogène. Ici aussi, deux conceptions sous-jacentes sont à distinguer. On peut en effet songer à des élites en compétition autour du même objet, ou au contraire à différentes élites spécialisées, actives dans des domaines distincts.

Les auteurs qui se sont livrés à des essais de définition englobante ont cherché avec plus ou moins de bonheur à résumer de façon synthétique les acceptions diverses du terme « élite » et les notions auxquelles elles renvoient. Busino écrit que « les usages finissent par donner au mot élite une acception propre, celle qui désigne la minorité disposant, dans une société déterminée, à un moment donné, d'un prestige, de privilèges découlant de qualités naturelles valorisées socialement (par exemple, la race, le sang, etc.) ou de qualités acquises (cultures, mérites, aptitudes, etc.) » (Busino, 1992, p. 4). Avant lui, Lasswell, après avoir noté le caractère nécessairement inadéquat de toute définition unique, proposait de caractériser l'élite en termes très généraux par l'influence : « Si l'influence est également partagée, chaque participant à une situation appartient à l'élite. Si le partage est inégal, les plus influents sont qualifiés d'élite » (Lasswell, 1965, p. 4-5). De son côté, Putnam estime que c'est la réponse à la question « qui dirige ? » ou « qui gouverne ? » qui permet indirectement de définir l'élite tout en la localisant. Mais le critère décisif est pour lui un élément de pouvoir : certaines personnes ont plus de pouvoir que d'autres ; ils constituent dès lors une élite. Ce critère s'applique plus particulièrement à l'élite politique mais il est d'application plus large (Putnam, 1976, p. 2-5). Nadel considère quant à lui que trois groupes différents au moins ont une vocation à constituer l'élite : « un groupe dont la supériorité repose sur des qualifications acquises et des talents spécifiques, un groupe dont la supériorité est traditionnelle et dont il est tout à fait possible qu'elle soit non spécialisée, enfin un groupe constituant un vivier de qualifications et de talents de toutes sortes » (Nadel, 1990, p. 414). De manière générale néanmoins, les diverses tentatives de définition mettent en évidence, à dessein ou par voie de conséquence, l'impossibilité de rassembler tous les usages du terme « élite » en une formule lapidaire qui les rassemblerait tous.

La double conception parétienne

Vilfredo Pareto (1848-1923) est un des sociologues qui ont fait apparaître de la manière la plus nette l'impossibilité de faire un choix entre le singulier et le pluriel du terme « élite ». C'est ce que notent Boudon et Bourricaud dans leur *Dictionnaire critique de la sociologie*, sous une rubrique intitulée significativement « Élite(s) » (Boudon et Bourricaud, 1982, p. 213-220). De fait, Pareto se fonde sur deux définitions distinctes de l'élite : une définition à caractère général qui appelle le pluriel et une définition d'application plus restreinte, conduisant à la notion d'élite dirigeante, qui s'accommode mieux du singulier. Ces deux définitions apparaissent tant dans *Les Systèmes socialistes* (1902/1903) que dans le *Traité de sociologie générale* (1916) et il n'y a pas de changement de conception entre ces deux œuvres majeures, contrairement à ce que suggère Bottomore (Bottomore, 1964, p. 2). Tout au plus, peut-on déceler à cet égard une évolution des formulations et davantage de systématisation dans le *Traité*.

Vilfredo Pareto
(Paris, 15 juillet 1848 – Céligny, Genève, 19 août 1923)

Économiste et sociologue italien. Après des études de mathématiques et de physique, il commença sa vie professionnelle comme ingénieur. Son intérêt pour la science économique fut stimulé par les travaux de Léon Walras, le fondateur de « l'École de Lausanne ». En 1893, il succède à Walras comme professeur d'économie politique à l'Université de Lausanne. À partir de 1907, il se consacre exclusivement à la sociologie qu'il conçoit comme une science expérimentale sur le modèle des sciences de la nature. Ses œuvres complètes ont été publiées sous la direction de Giovanni Busino, professeur à l'Université de Lausanne.

Travaux principaux : *Cours d'économie politique* (1896-1897) ; *Les Systèmes socialistes* (1902-1903) ; *Manuale d'economia politica* (1906) ; *Trattato di sociologia generale* (1916) ; *Trasformazione della democrazia* (1926).

La définition générale

La définition générale est fondée purement et simplement sur l'idée d'excellence dans une activité quelconque. « Par exemple », écrit Pareto dans le *Traité*, « à celui qui excelle dans sa profession, nous donnerons 10. À celui qui ne réussit pas à avoir un seul client, nous donnerons 1, de façon à pouvoir donner 0 à celui qui est vraiment crétin » (Pareto, 1916, § 2027). Le *score* d'excellence étant basé sur la comparaison des niveaux de performance, la notion d'élite, dans ce sens très général, ne prend son sens qu'au sein d'une activité particulière quelle qu'elle soit. Il ne saurait donc y avoir en ce sens que *des élites*. Tout jugement de valeur est exclu de l'appréciation de la performance. Pareto choisit délibérément ses exemples de manière à dissiper tout malentendu à ce propos. « À l'habile escroc qui trompe les gens et sait échapper aux peines du code pénal, nous attribuerons 8, 9 ou 10, suivant le nombre de dupes qu'il aura su prendre dans ses filets, et l'argent qu'il aura su leur soutirer. Au pauvre petit escroc qui dérobe un service de table à son traiteur et se fait encore mettre la main au collet par les gendarmes, nous donnerons 1 » (*ibid.*). Déjà, dans *Les Systèmes socialistes*, on pouvait lire : « Ces élites n'ont rien d'absolu ; il peut y avoir une élite de brigands comme une élite de saints » (Pareto, 1902, p. 56).

Dans cette conception très générale mais unidimensionnelle de l'élite, on est donc amené logiquement à distinguer autant d'élites que de domaines d'activités. « Il serait, en effet, évidemment absurde d'affirmer que les individus qui occupent les couches supérieures, dans la figure qui représente la distribution du génie mathématique ou poétique, sont les mêmes que ceux qui occupent les couches supérieures, dans la figure qui donne la distribution de la richesse [...] il n'y a rien là que de très compréhensible. Les qualités d'un saint François d'Assise, par exemple, sont tout autres que celle d'un Krupp. Les gens qui achètent des canons d'acier ont besoin d'un Krupp et non d'un saint François d'Assise » (*Ibid.*, p. 8). Pareto est très clair à cet égard dans le *Traité* : « Formons donc une classe de ceux qui ont les indices les plus élevés dans la branche où ils déploient leur activité, et donnons à cette classe le nom d'*élite*. » (Pareto, 1916, § 2031). Et pour dépouiller une fois encore le terme « élite » de toute connotation positive ou négative, il ajoute : « Tout autre nom et même une simple lettre de l'alphabet, seraient également propres au but que nous nous proposons » (*Ibid.*).

Les indices de capacité selon Pareto

§ 2027. Supposons donc qu'en toutes les branches de l'activité humaine, on attribue à chaque individu un indice qui indique ses capacités, à peu près de la manière dont on donne des points aux examens, dans les différentes matières qu'enseignent les écoles. Par exemple, à celui qui excelle dans sa profession, nous donnerons 10. À celui qui ne réussit pas à avoir un seul client, nous donnerons 1, de façon à pouvoir donner 0 à celui qui est vraiment crétin. À celui qui a su gagner des millions, que ce soit bien ou mal, nous donnerons 10. À celui qui gagne des milliers de francs, nous donnerons 6. À celui qui arrive tout juste à ne pas mourir de faim, nous donnerons 1. À celui qui est hospitalisé dans un asile d'indigents, nous donnerons 0. À la femme *politique*, telle l'Aspasie de Périclès, la Maintenon de Louis XIV, la Pompadour de Louis XV, qui a su capter les bonnes grâces d'un homme puissant, et qui joue un rôle dans le gouvernement qu'il exerce de la chose publique, nous donnerons une note telle que 8 ou 9. À la gourgandine qui ne fait que satisfaire les sens de ces hommes, et n'a aucune action sur la chose publique, nous donnerons 0. À l'habile escroc qui trompe les gens et sait échapper aux peines du code pénal, nous attribuerons 8, 9 ou 10, suivant le nombre de dupes qu'il aura su prendre dans ses filets, et l'argent qu'il aura su leur soutirer. Au pauvre petit escroc qui dérobe un service de table à son traiteur et se fait encore mettre la main au collet par les gendarmes, nous donnerons 1. À un poète comme Musset, nous donnerons 8 ou 9, suivant les goûts. À un rimailleur qui fait fuir les gens en leur récitant ses sonnets, nous donnerons 0. Pour des joueurs d'échec, nous pourrons avoir des indices plus précis en nous fondant sur le nombre et le genre des parties qu'ils ont gagnées. Et ainsi de suite, pour toutes les branches de l'activité humaine.

Vilfredo Pareto, *Traité de sociologie générale*, trad. fr., *Œuvres complètes*, tome XII, Genève, Droz, 1968, § 2027 (1e éd. italienne, 1916).

La définition restreinte

Outre cette définition générale, reposant exclusivement sur un critère d'excellence, on trouve chez Pareto une définition plus restreinte, fondée sur une simplification dichotomique de la hiérarchie sociale, où l'élite est assimilée à une classe sociale. C'est dans *Les Systèmes socialistes* que le critère de sélection permettant cette assimilation est présenté de la manière la plus claire. Il faut pour cela que « l'on dispose les hommes selon leur degré d'influence et de pouvoir politique et social » (Pareto, 1902, p. 8). « Nous avons donc deux couches dans la population » écrit Pareto dans le *Traité* : « la couche inférieure, la classe étrangère à l'élite » et « la couche supérieure, l'élite... » (1916, § 2034). Pour l'étude des conditions de l'équilibre social, il s'impose, selon Pareto, de diviser l'élite en deux : « ceux qui, directement ou indirectement, jouent un rôle notable dans le gouvernement ; ils constitueront "l'élite gouvernementale". Le reste formera l'élite non-gouvernementale » (*ibid.*, § 2032). Cette seconde définition de l'élite, qui s'accorde bien avec l'usage du singulier, est clairement pluridimensionnelle et l'on y voit apparaître d'autres critères que celui de l'excellence. Mais c'est aussi dans cette perspective que les différents critères se combinent. On peut, dit Pareto, tracer la courbe de distribution des hommes « disposés par couches, selon leur richesse [...] Si l'on suppose les hommes disposés par couches selon d'autres caractères, par exemple selon leur intelligence, leur aptitude à étudier les mathématiques, leur talent musical, poétique, littéraire, leurs caractères moraux, etc., on aura probablement des courbes de formes plus ou moins semblables à celle que nous venons de trouver pour la distribution de la richesse » (Pareto, 1902, p. 7). Cette courbe de la distribution de la richesse est l'illustration de l'idée de classe. Elle résulte « d'un assez grand nombre de caractères, bons ou mauvais d'ailleurs, dont l'ensemble est favorable à la réussite de l'individu qui poursuit la richesse, ou qui, l'ayant acquise, la conserve » (*ibid.*, p. 8). C'est alors qu'il y a coïncidence, au moins partielle, entre l'influence et le pouvoir politique et social d'une part, la richesse d'autre part. « Les classes dites *supérieures* sont aussi généralement les plus riches. » (*ibid.*).

Ce sont ces classes qui, pour Pareto, constituent l'élite, ou l'aristocratie au sens premier, étymologique, du terme c'est-à-dire les meilleurs. Dans l'hypothèse d'un équilibre social stable, la supériorité politique et sociale s'appuie sur une forme d'excellence : la majorité des individus appartenant à l'élite apparaît douée au plus haut point de certaines caractéristiques qui assurent le pouvoir, ces caractéristiques pouvant faire par ailleurs l'objet de jugements positifs ou négatifs. Mais, nous dit Pareto dans le *Traité*, « il n'y a pas d'examens pour assigner à chaque individu sa place dans ces différentes classes. On y supplée par d'autres moyens : par certaines étiquettes [...]. Par exemple, l'étiquette d'avocat désigne un homme qui devrait connaître le droit, et qui souvent le connaît, mais qui parfois n'y connaît rien » (*ibid.*, § 2035). Cette réserve se fonde sur un élément de reproduction sociale indépendant des qualités personnelles des individus. Elle introduit en effet l'idée que d'autres critères que l'excellence jouent un rôle dans la sélection. Ainsi, dans l'élite gouvernementale, on trouve « ceux qui portent l'étiquette de fonctions politiques d'un certain rang… » mais on trouve aussi « les exceptions inévitables de ceux qui ont réussi à se faufiler parmi les précédents sans posséder les qualités correspondant à l'étiquette qu'ils ont obtenue » (*ibid.*). Ces exceptions fournissent la clé de la réapparition d'autres critères que celui de l'excellence et révèlent l'instabilité de l'équilibre social. Dans de nombreuses branches de l'activité humaine, « les étiquettes sont obtenues directement par chaque individu ». Pour ce qui est de l'élite au contraire, « une partie des étiquettes sont héréditaires ; par exemple celle de la richesse [...] celui qui a hérité un grand patrimoine est facilement nommé sénateur, en certains pays, ou se fait élire député en payant les électeurs… » (*ibid.*, § 2036). Ainsi, ajoute Pareto, « la richesse, la parenté, les relations, sont utiles aussi [...] et font donner à qui ne devrait pas l'avoir l'étiquette de l'élite en général ou de l'élite gouvernementale en particulier. » (*ibid.*).

La relation entre les deux définitions

C'est cette seconde définition, prenant en compte les éléments interférant avec le critère d'excellence, qui joue le rôle le plus important dans la sociologie de Pareto et qui sous-tend sa théorie de la circulation des élites. Néanmoins, si la première définition est relativement peu utilisée, comme le note Bottomore (Bottomore, 1964, p. 1-2), un lien logique peut être établi entre cette première définition et la seconde, centrée sur la dichotomie élite/non-élite. Les facteurs suscitant les « exceptions inévitables » introduisent en fait des distorsions dans une hiérarchisation qui serait basée exclusivement sur le niveau de performance. On peut donc associer la première définition – fondée sur l'excellence – à un modèle idéal de la société, jouant un rôle comparable à celui de la concurrence parfaite dans le domaine de la science économique. Il n'est plus question d'y voir une description de réalité mais bien un outil conceptuel visant à raisonner sur les écarts constatés empiriquement, dans des conditions qui ne sont pas celles du modèle.

Plusieurs commentateurs considèrent la théorie parétienne des élites, prises dans son ensemble, comme une construction théorique à caractère idéal-typique (Lopreato et Alston, 1970 ; Eisermann, 1989). Comme le font observer les premiers (Lopreato et Alston, 1970, p. 94), on peut présupposer à des fins heuristiques que les positions des membres de l'élite gouvernementale sont occupées par ceux qui sont réellement les plus qualifiés pour exercer ces fonctions. Dans ce cas, les aptitudes de la classe dirigeante justifient effectivement l'étiquette d'élite qui lui est accolée. Mais ceci ne correspond qu'à un état de « libre circulation de l'élite » ne comportant aucun facteur particulariste – à un état d'équilibre social parfait, pourrait-on dire – ou, tout au moins, à un état d'équilibre temporaire, observable quand une classe dirigeante vient seulement d'accéder au pouvoir. Les nombreuses déviations par rapport au modèle nous ramènent à la deuxième définition de l'élite et fournissent l'objet de la théorie parétienne de la circulation des élites qui sera traitée dans un chapitre ultérieur.

La distinction opérée par Pareto entre élite gouvernementale et élite non gouvernementale semble indiquer un intérêt plus marqué pour l'élite politique que pour les autres élites. La priorité ainsi accordée à l'élite politique se retrouve chez nombre de théoriciens ultérieurs. Cette attention particulière ne semble pas dériver d'une survalorisation du politique mais bien de l'idée que c'est l'élite politique qui dispose du maximum de pouvoir dans la société (Clifford-Vaughan, 1960, p. 320.) Ceci a fait l'objet de controverses qui ne sont pas près de finir. On peut en effet défendre cette idée en se fondant sur la notion webérienne de monopole de la violence légitime. Mais on peut également suggérer que d'autres élites – à commencer par l'élite économique – n'ont pas besoin de ce recours à la force car elles ont d'autres moyens d'influence à leur disposition. Dans cette perspective, le pouvoir de la classe politique serait un pouvoir de façade, derrière lequel se dissimule d'autres formes de pouvoir.

L'opposition élite - masse

L'opposition entre l'élite et la masse repose sur l'idée que toute société est hiérarchisée et qu'une société strictement égalitaire est une impossibilité empirique. Ceci revient à dire que dans tout groupement social plus ou moins organisé, certaines personnes ont plus de pouvoir que d'autres, quel que soit le fondement de ce pouvoir et quelles qu'en soient les modalités d'exercice. Cette vérité fut longtemps enracinée dans l'expérience des sociétés traditionnelles. C'est bien évidemment l'Ancien Régime que célèbre Frédéric Le Play lorsqu'il écrit que « dans toute société prospère, chacun observe des devoirs de subordination fixés par la tradition du genre humain. Le fils obéit au père, la femme au mari, le serviteur au maître, l'ouvrier au patron, le soldat à l'officier, le citoyen à l'autorité civile ; tous d'ailleurs se soumettent aux prescriptions de la loi divine. Les règles de l'obéissance, établies par la loi ou la coutume, obligent absolument le subordonné, alors même que le chef ne fait pas tout son devoir. Dans tous les cas, la désobéissance est châtiée. » (Le Play, 1941, II, p. 24). Sur cette vision de hiérarchies immuables vient se greffer l'idée, à laquelle adhère également Alexis de Tocqueville, que le pouvoir entraîne des responsabilités accrues : « Le respect dû au principe d'autorité ne permet pas de fixer par la loi, avec la même précision, les cas dans lesquels on doit punir les chefs qui manquent à leurs devoirs. C'est par ce motif que le supérieur qui abuse est plus coupable et plus dangereux pour l'ordre public que l'inférieur qui résiste » (*ibid.*).

La distribution asymétrique du pouvoir

De nos jours, on convient du caractère beaucoup plus général des hiérarchisations. La distribution asymétrique du pouvoir tend à être tenue pour « axiomatique » (Putnam, 1976, p. 8) bien qu'elle s'oppose à la sensibilité égalitaire contemporaine. C'est elle qui suscite des réticences à l'égard de la notion même d'élite. Il n'y a pourtant pas *a priori* d'opposition entre élites et démocratie, comme on aura l'occasion de le voir plus loin. Comme le note Heinz Eulau, la question-clé à ce sujet est celle de la responsabilité (*accountability*) : responsabilité pour quoi et à l'égard de qui. Dès que la notion de responsabilité est prise en considération, l'élite et la masse peuvent être conçues comme des partenaires de rôles (Eulau, 1976, p. 21.) Appliquée au domaine politique, la notion d'élite n'en implique pas moins que la gestion des affaires publiques est toujours le fait d'une minorité qui se détache de la grande masse de la population.

Gaetano Mosca (1858-1941), qui est généralement considéré comme le classique en la matière, écrit à ce sujet : « Dans toutes les sociétés régulièrement constituées, où il y a ce qu'on appelle un gouvernement, nous ne voyons pas seulement que l'autorité de ce dernier s'exerce au nom de l'univers peuple, ou d'une aristocratie dominante, ou d'un souverain unique… nous retrouvons constamment un autre fait : les gouvernants, ceux qui disposent des pouvoirs publics et les exercent, ne sont toujours qu'une minorité, au-dessous desquels il y a un grand nombre de personnes qui ne participent jamais *réellement* et d'aucune façon au gouvernement, et ne font que le subir » (Mosca, 1884, p. 19). Ainsi s'impose une distinction entre gouvernants et gouvernés qui se superpose à l'opposition élite-masse. Au-delà de cette division fondamentale, émerge chez Mosca la notion de *classe politique*, plus ou moins comparable à l'élite gouvernementale selon Pareto. Quel que soit le régime ou le pays, il faut « une machine gouvernementale, une organisation se composant naturellement d'une minorité numérique, à travers laquelle toute l'action gouvernementale se déploie » (*ibid.*, 1884, p. 22). Nous sommes ici, il faut bien le dire, aux frontières de la science politique et de l'idéologie et c'est ce qui entraîne une confusion fréquente entre les théories des élites et les doctrines élitistes. La distinction n'est pas toujours nette entre la constatation axiologiquement neutre que « la domination de la minorité sur la majorité est un fait consubstantiel à la vie des hommes vivant en société » (Busino, 1992, p. 7) et le plaidoyer antidémocratique. Bien sûr, comme ce fut souvent le cas en sociologie, l'affirmation d'un point de vue teinté d'idéologie fut le point de départ d'études qui s'efforcèrent de dépasser les préjugés doctrinaux. Mais il est non moins vrai que le regard sceptique ainsi jeté sur la vie en société ne pouvait que heurter nombre de bons esprits, acquis aux idéaux démocratiques de participation populaire. Comme le fit observer Raymond Aron dans la préface à l'édition Droz du *Traité* de Pareto, « il suffit [...] de tenir l'hétérogénéité sociale (ou distinction de l'élite et de la masse) pour un trait structurel de toute société connue [...] pour aboutir non pas au fascisme ou à la démocratie mais, indifféremment, selon les circonstances ou l'humeur du disciple, à celle-ci ou à celui-là. » (Aron, *in* Pareto, 1968, p. XXIV). De fait, pendant des siècles, la distribution inégale du pouvoir fut considérée comme allant de soi. Ce n'est qu'au XVIIIe siècle que se fit jour parmi les philosophes l'idée que tous les citoyens étaient appelés à partager le pouvoir également (Putnam, 1976, p. 2). C'est ainsi qu'on a pu parler d'« élitisme implicite ou sous-entendu » à propos de plusieurs philosophes politiques du passé, à commencer par Machiavel (Lottieri, 1999, p. 201). Mais ce n'est qu'à la fin du XIXe siècle que l'optimisme démocratique issu des Lumières fut remis en question et confronté à la réalité retrouvée d'une constante de l'histoire universelle : la distinction entre dominants et dominés, dirigeants et dirigés, gouvernants et gouvernés.

Gaetano Mosca
(Palerme, 1er avril 1858 – Rome, 8 novembre 1941)

Politologue et sociologue italien, Mosca, après des études de droit et de science politique, enseigna le droit constitutionnel à l'Université de Palerme, l'économie politique à l'Université de Turin, la science politique à l'Université de Milan et l'histoire des doctrines politiques à l'Université de Rome. Considéré, avec Robert Michels et Vilfredo Pareto, comme un des classiques de « l'École italienne » de sociologie politique. Il est l'auteur de la notion de « formule politique » par laquelle la classe dirigeante légitime son pouvoir. Après avoir fourni des arguments à l'antiparlementarisme, il finit par rejeter le fascisme, considérant que l'équilibre des pouvoirs assuré par les régimes démocratiques offrait la meilleure des garanties de liberté personnelle.

Travaux principaux : *Sulla teoria dei governi e sul governo parlementare* (1884) ; *Elementi di scienza politica* (1896, 1923) ; *Lezioni di storia delle istituzioni e delle dottrine politiche* (1933, 1937), tr. fr. par Gaston Bouthoul : *Histoire des doctrines politiques depuis l'Antiquité jusqu'à nos jours* (1937, 1955.)

Une posture méthodologique nouvelle

Les théoriciens modernes des élites – Gaetano Mosca et Vilfredo Pareto, mais aussi Robert Michels (1876-1936) – seront qualifiés de « machiavéliens », à la suite de James Burnham, pour marquer leur dette intellectuelle à l'égard d'un penseur considéré comme le précurseur d'une posture méthodologique nouvelle, consistant à séparer pour le meilleur et pour le pire la politique de la morale, rompant ainsi avec la tradition aristotélicienne (Burnham, 1943, p. 27).

Robert Michels
(Cologne, 9 janvier 1876 – Rome, 3 mai 1936)

Michels est un économiste et sociologue germano-italien. Empêché de faire une carrière universitaire en Allemagne en raison de ses activités politiques et syndicales, il a enseigné aux universités de Bruxelles, Paris, Turin, Bâle, Pérouse et Florence. Considéré, avec Vilfredo Pareto et Gaetano Mosca qui l'a influencé directement, comme un des classiques de « l'École italienne » de sociologie politique, il est connu surtout pour sa « loi d'airain de l'oligarchie » issue de son expérience dans les milieux socialistes et syndicalistes. Il a inspiré des recherches de sociologie politique de Seymour Martin Lipset aux États-Unis.

Travaux principaux : *Zur Soziologie des Parteiwesens in der modernen Demokratie. Untersuchungen über die oligarchischen Tendenzen des Gruppenlebens* (1911) ; tr. fr. : *Les Partis politiques. Essai sur les tendances oligarchiques des démocraties* (1914).

Les Machiavéliens fournissent des matériaux à une conception positiviste de la sociologie politique mais aussi à des prises de position doctrinaires antidémocratiques et antisocialistes. D'un point de vue proprement scientifique, leur orientation est clairement positiviste. Ils cherchent à mettre en évidence des lois du comportement de l'être humain en société. La tendance générale à l'oligarchisation, le caractère universel de la distinction dominants-dominés, l'émergence en tout temps et en tout lieu d'une minorité – l'élite – s'imposant à une majorité désorganisée – la masse – leur apparaissent comme autant de lois du comportement humain. Mais la mise en évidence de ce qu'ils tiennent pour des constantes historiques à portée universelle les amènent à combattre ce qu'ils tiennent pour des rêves égalitaires sociologiquement absurdes. « La cible polémique de Mosca et Pareto ce sont, en général, les socialistes et les solidaristes » (Lottieri, 1999, p. 201). L'idéologique est ainsi étroitement lié à l'analytique. Les Machiavéliens rencontrent ici les tenants d'une conception aristocratique de la hiérarchie sociale – Edmund Burke, Joseph de Maistre, Louis de Bonald, mais aussi Alexis de Tocqueville – qui « s'interrogent sur les conséquences de l'arrivée des masses sur la scène de l'histoire » et qui « opposent les masses en tant que vaste ensemble d'individus indifférenciés, sans cohésion ni organisation, aux chefs, aux minorités, aux élites seules capables de garantir les libertés contre l'égalitarisme » (Busino, 1992, p. 4-5).

On trouve une dénonciation particulièrement virulente de la « société de masse » chez José Ortega y Gasset (1937). Comme le fit observer Georges Gurvitch avec sa dureté habituelle, cet auteur « accumule définition sur définition et jugement de valeur sur jugement de valeur pour faire comprendre ce qu'il entend par “masse” sans d'ailleurs y parvenir » (Gurvitch, 1963, vol. 1, p. 154). Ceci ne doit pas surprendre car Ortega y Gasset se donne en fait une conception morale de l'élite et de la masse, qui échappe à toute tentative de définir ces entités en termes structurels ou catégoriels. Pour lui, « la division de la société en masses et en minorités d'élites n'est donc pas une division en classes sociales, mais plutôt en classes d'hommes, et cette division ne peut coïncider avec un tableau hiérarchique en classes supérieures et inférieures » (Ortega y Gasset, 1937, p. 7). L'opposition élite-masse, conçue comme l'opposition de deux types d'hommes, est néanmoins primordiale à ses yeux : « La division la plus radicale qui se puisse faire dans l'humanité est cette scission en deux classes d'individus : ceux qui exigent beaucoup d'eux-mêmes, et accumulent volontairement devoirs sur difficultés, et ceux qui, non seulement n'exigent rien de spécial d'eux-mêmes, mais pour lesquels la vie n'étant à chaque instant que ce qu'elle est déjà, ne s'efforcent à aucune perfection et se laissent entraîner comme des bouées à la dérive. » (*ibid.*, p. 6). La dichotomie idéal-typique ainsi présentée rejoint la vision tocquevillienne de l'embourgeoisement généralisé de la société et de la prépondérence de l'ethos prosaïque des classes moyennes. Sur cette conception de l'évolution sociale vient se greffer une exigence de moralité publique qui s'adresse aux classes dirigeantes, nouvelles et anciennes. Les privilèges de la naissance, de la fortune ou du statut comportent des devoirs : il doivent se mériter et il importe de s'en montrer digne (Tocqueville, 1964, p. 30-39 ; Coenen-Huther, 1997, chap. 1). « La noblesse », renchérit Ortega y Gasset, « se définit par l'exigence, par les obligations et non par les droits » (Ortega y Gasset, 1937, p. 60-61).

Les formes de sociabilité

Dans tout raisonnement s'appuyant sur l'opposition entre l'élite et la masse, c'est généralement l'élite qu'on s'efforce de définir en fonction d'un ou de plusieurs critères ; la masse n'apparaît qu'en contrepoint, de façon négative, comme la non-élite. Chez Georges Gurvitch, au contraire, on trouve une définition de la masse issue, non d'une dichotomie élite-masse mais bien d'une théorie des formes de sociabilité inspirée des catégories de la phénoménologie. Les formes de sociabilité s'organisent, selon Gurvitch, autour de deux pôles antithétiques de fusion partielle et d'opposition partielle : le « Nous » qui est une catégorie d'inclusion, et le « rapport à autrui » qui englobe les diverses formes de relation à l'autre (Gurvitch, 1963, vol. 1, p. 133). « La *Masse* au sens propre ne doit… être confondue avec aucune espèce de groupement quelle qu'elle soit. » (*ibid.*, p. 154). Elle constitue une des modalités de la catégorie du « Nous », les deux autres étant la *Communauté* et la *Communion*. Il s'agit d'une forme de sociabilité par fusion partielle dans laquelle la fusion et la participation restent superficielles et « n'intègrent pas les couches les plus intimes des Moi et des Autrui » (*ibid.*, p. 147). De ce point de vue, elle constitue le degré le plus faible de la catégorie d'inclusion qu'est le « Nous ». La Communauté et la Communion impliquent au contraire des degrés d'intensité de plus en plus forts. L'originalité de Gurvitch en la matière est de proposer une relation inversement proportionnelle entre le niveau de fusion et le niveau de pression. Si la masse représente le degré le plus faible de la fusion, elle représente en revanche le degré le plus élevé de la pression (*ibid.*, p. 151). C'est en effet lorsque les interrelations restent superficielles que la pression de l'ensemble est ressentie comme étant la plus forte car elle est perçue comme une force extérieure à l'individu. Au contraire, lorsqu'il y a inclusion des caractéristiques personnelles et participation des individus dans « ce qu'ils ont de plus particulier », la pression ambiante se fait moins sentir car chacun y participe pleinement (*ibid.*, p. 147-148).

Les degrés d'intensité de la sociabilité selon Gurvitch

Comme il a été dit précédemment, la fusion partielle dans un « Nous » peut s'effectuer de façon plus ou moins intense et plus ou moins efficace. La fusion peut être très faible et n'affecter que des manifestations superficielles des Moi et des Autrui, qui ne s'interpénètrent qu'en surface, tandis que ce qu'ils ont de plus ou moins intime et personnel demeure à part : il s'agit alors de la sociabilité comme *Masse*. Les Moi et les Autrui peuvent fusionner en s'ouvrant et en s'interpénétrant sur un plan plus intime, et leur participation au Nous peut engager leurs profondeurs personnelles sans toutefois que cette intégration atteigne son maximum d'intensité : il s'agit alors de la sociabilité comme *Communauté*. Enfin la fusion et l'intégration dans le Nous accèdent au maximum de leur intensité lorsque les Moi et les Autrui s'entrouvrent et s'interpénètrent jusqu'à la limite du possible et qu'ainsi leurs profondeurs les moins accessibles se trouvent comprises dans la participation à l'ensemble : il s'agit alors de la sociabilité comme *Communion*.

Georges Gurvitch, *La Vocation actuelle de la sociologie*, Tome premier : *Vers la sociologie différentielle*, 3e édition revue, Paris, PUF, 1963, p. 146-147.

Ainsi, par le truchement d'une classification très générale des formes de sociabilité, on retrouve l'antinomie élite-masse : d'un côté, la masse, un vaste ensemble inorganisé, reposant sur des formes superficielles, voire fugitives, de sociabilité, où l'individualité reste fortement soumise à la pression diffuse de l'ensemble ; de l'autre côté, l'élite, une minorité au sein de laquelle les interrelations sont plus individualisées, où la pression de l'ensemble est peu ressentie, mais où domine au contraire le sentiment de pouvoir agir sur cet ensemble.

Les élites : compétition ou spécialisation ?

De prime abord, le recours au pluriel du terme « élite » peut sembler revêtir deux significations bien distinctes. On peut y voir une référence à une situation de compétition entre plusieurs groupes visant à la prééminence. On peut le comprendre également comme la conséquence d'un état de diversification de la société, impliquant l'existence d'élites spécialisées, ayant atteint l'excellence ou la prééminence dans des domaines particuliers. En fait, dans une société moderne, organisée selon le principe de la « solidarité organique » au sens durkheimien, il paraît raisonnable d'envisager une combinaison de spécialisation et de compétition. Le terme d'élite est alors couramment utilisé à propos de groupes bénéficiant d'un statut élevé.

Des principes de légitimité divers

Néanmoins, pour que la notion d'élite puisse s'imposer sans réticence et qu'on puisse admettre la coïncidence de la prééminence et de l'excellence, il faut que l'accord se fasse sur un principe de légitimité. Comme le note Ezra Suleiman, « la survie des élites dépend de leur volonté d'exercer le pouvoir et de leur capacité à se forger une idéologie dont elles se serviront pour se légitimer (Suleiman, 1978 et 1979, p. 133). Mais cette règle à portée générale, émise en référence à la société globale et à son gouvernement, peut être extrapolée *mutatis mutandis* au niveau des différents secteurs d'activité empiriquement observables. Toute conceptualisation de la société comme système social entraîne la possibilité de distinguer des sous-systèmes plus ou moins autonomes. De tels sous-systèmes, quoique solidaires de l'ensemble, n'en fonctionnent pas moins sur la base d'une échelle de valeurs propre et de normes spécifiques. C'est alors dans le cadre de chaque sous-système, défini par un ou plusieurs domaines d'activité, qu'un consensus doit être maintenu sur un principe de légitimité qui assure la prééminence d'une catégorie d'individus tenue pour une élite : élite politique et administrative, certes, mais aussi élite militaire, élite des affaires, élite des arts et de la culture, de la communication, des sports, etc.

Une manière très cohérente de présenter ceci est de se référer aux quatre fonctions sociétales distinguées par Talcott Parsons et popularisées par le célèbre schéma A-G-I-L. Selon Parsons, pour qu'un système social soit relativement stable, il faut que quatre exigences fonctionnelles soient remplies : l'adaptation à l'environnement par la production et la distribution de biens rares (A), la définition et la hiérarchisation d'objectifs à atteindre (G, comme *Goal*), l'action permanente de mécanismes intégrateurs (I) et le maintien de la cohérence du système (latent) de valeurs (L) (Parsons *et al.*, 1953 ; Coenen-Huther, 1984, pp. 42-48). Ces quatre fonctions définissent des terrains d'activité d'où émergent respectivement des élites économiques, politiques, juridiques et culturelles. Toutes contribuent à leur façon à ce que Raymond

Boudon et François Bourricaud appellent « le pilotage des systèmes sociaux » (Boudon et Bourricaud, 1982, p. 219) mais toutes ont leur profil propre, répondant à des critères d'excellence et de réussite différents. On a donc affaire à des élites relativement spécialisées dont les activités contribuent à l'équilibre de l'ensemble mais cet équilibre n'est assuré que dans un climat de compétition permanente. Les élites culturelles utiliseront dans certains cas leur autorité morale pour intervenir sur le terrain propre des élites politiques. Les élites politiques s'appliqueront à soumettre le comportement des élites économiques à certaines règles. Celles-ci plaideront pour la plus grande liberté de manoeuvre possible alors que les élites juridiques chercheront à établir et à faire respecter des normes d'application générale. C'est donc bien un mélange de spécialisation fonctionnelle et de compétition qui maintient une situation d'équilibre sans cesse remise en question.

L'équilibre dynamique des champs

On peut également exprimer cette idée d'équilibre dynamique à la manière de Pierre Bourdieu, en termes de champs. Un *champ*, au sens que Bourdieu a donné à ce terme, est un espace social structuré où se déroulent des luttes de pouvoir (Bourdieu, 1994, p. 53-57). Il a ses propres normes – ses propres « règles du jeu », pourrait-on dire, – et engendre dès lors un *habitus* spécifique. Il s'agit donc bien d'un sous-système social dont les formes de régulation affectent les comportements individuels. Mais tout champ comporte un principe de différenciation sociale qui engendre des antagonismes individuels ou collectifs. Il peut être décrit comme « un champ de forces, dont la nécessité s'impose aux agents qui s'y trouvent engagés, et comme un champ de luttes à l'intérieur duquel les agents s'affrontent... » (*ibid.*, p. 55). Dans chaque champ, des rapports de force s'instaurent entre les catégories de ressources – « les espèces de capital », selon Bourdieu – mises en œuvre pour s'assurer une position dominante. Il n'est pas incongru de qualifier d'élites spécialisées du champ en question, ceux qui y accèdent aux positions dominantes. Ils participent de l'élite de deux façons. D'une part, ils se sont effectivement assurés une position de prééminence ; d'autre part, ils ont réussi l'équilibre le plus favorable entre les différentes espèces de capital – capital culturel, capital économique – qui assurent la primauté dans le champ (*ibid.*, p. 56). Chez Bourdieu, le principe de légitimité permettant d'imposer la notion d'élite est le résultat d'actions en sens divers. Il n'y a pas « effet simple et direct de l'action exercée par un ensemble d'agents ("la classe dominante") investis de pouvoirs de coercition mais l'effet indirect d'un ensemble complexe d'actions qui s'engendrent dans le réseau des contraintes croisées que chacun des dominants, ainsi dominé par la structure du champ à travers lequel s'exerce la domination, subit de la part de tous les autres » (*ibid.*, p. 57).

Qu'on ait recours à la notion de champ ou qu'on s'en tienne au langage plus traditionnel des sous-systèmes, la compétition entre domaines d'activités est une des composantes de l'équilibre dynamique de tout système social et peut se traduire par une situation de concurrence entre élites spécialisées. Bourdieu en fournit un exemple convaincant lorsqu'il analyse les relations entre le monde de la télévision comme élément du « champ journalistique » et le « champ scientifique » (Bourdieu, 1996 ; Coenen-Huther, 1998). Le champ journalistique a fortement augmenté son importance au cours du dernier quart de siècle. Il en résulte une véritable inversion du rapport de forces entre les différents champs. Il y a une trentaine d'années, une présence trop marquée dans les médias pouvait compromettre une carrière académique et empêcher un universitaire d'accéder à l'élite dans le champ scientifique. Ce fut le cas de Raymond Aron. D'après son propre témoignage, le fait qu'il n'était pas seulement un homme de science mais également un collaborateur régulier du *Figaro* contribua aux difficultés qu'il rencontra lorsqu'il se porta candidat à un poste de professeur à la Sorbonne. Il échoua en 1948, lorsqu'on lui préféra Gurvitch, et ne fut nommé qu'en 1955. Un sentiment de malaise ne se dissipa néanmoins que lentement. Pour certains de ses collègues à la Sorbonne, Aron n'était qu'un journaliste cherchant un surcroît de prestige grâce à une position académique mais compromettant en cela la dignité de l'institution universitaire (Aron, 1983, p. 219 et p. 336-337). Actuellement, c'est l'inverse qui s'observe. Tout incite ceux qui le peuvent à combiner l'approbation des pairs avec la reconnaissance d'un public plus large. De nos jours, la notoriété acquise auprès d'un large public cultivé joue incontestablement un rôle non négligeable dans les carrières universitaires et leur est favorable (Kauppi, 1996). Les carrières académiques se construisent en partie grâce à la renommée acquise en se soumettant aux normes du champ journalistique. Ceci signifie que le champ journalistique est en mesure de pénétrer les autres champs et d'y imposer ses normes par une stratégie de « cheval de Troie ». Ceci dit, un champ peut être plus ou moins autonome. Un champ autonome résiste avec succès à la pénétration des normes du champ journalistique. Les élites spécialisées y restent soumises aux jugements des acteurs de leur champ propre. « Dans chacun des champs, le champ universitaire, le champ des historiens, etc., il y a des dominants et des dominés selon les valeurs internes du champ. Un bon historien, c'est quelqu'un dont les bons historiens disent qu'il est un bon historien. C'est nécessairement circulaire. Mais l'hétéronomie commence quand quelqu'un qui n'est pas mathématicien peut intervenir pour donner son avis sur les mathématiciens, quand quelqu'un qui n'est pas reconnu comme un historien (un historien de télévision, par exemple) peut donner son avis sur les historiens et être entendu. » (Bourdieu, 1996, p. 66).

La compétition des domaines d'activité

Cette compétition des champs peut être présentée d'une autre façon, également pertinente pour le sort des élites. À la suite de l'évolution interne d'un champ, l'élite spécialisée de ce secteur d'activité particulier ne retire plus les mêmes gratifications qu'auparavant de sa position prééminente dans le champ. Dans ce cas, la tentation peut être forte de « jouer les transfuges » et de s'assurer une position plus gratifiante dans un autre champ. C'est le processus que décrit Raymond Boudon à propos des universitaires français, soucieux d'obtenir une forme nouvelle de reconnaissance sociale, en dehors des cercles de leur discipline, en tant qu'intellectuels tournés vers un large public cultivé : le Tout-Paris des intellectuels (Boudon, 1979, p. 88). C'est ce que Boudon qualifie d'orientation vers le « second marché des intellectuels ». Le diagnostic est clair : l'Université française a cessé d'offrir aux élites intellectuelles les gratifications symboliques qu'ils pouvaient en attendre. Le transfert vers le « second marché » des biens culturels est donc une stratégie d'adaptation individuelle au sens mertonien. Mais les conséquences suggérées par Boudon renvoient au mécanisme analysé par Bourdieu. Il y a soumission à d'autres normes d'excellence qui ne sont plus celles du monde scientifique mais bien celles des milieux journalistiques. Il y a renforcement de l'hétéronomie du « champ scientifique ».

Un déplacement d'élites formellement semblable a été observé en Europe de l'Est, à la suite de l'effondrement du système soviétique. L'élite dirigeante tirait sa prééminence de positions spécifiquement politiques. Pour s'exprimer en termes parsoniens, ce sont les exigences fonctionnelles du sous-système politique qui l'emportaient sur les exigences des autres sous-systèmes. Quand l'avenir des positions politiques cessa d'être garanti, une partie de l'élite dirigeante chercha à s'assurer des positions de statut semblable dans le domaine économique. Cette fraction de l'élite dirigeante apprit à soumettre les biens publics à des transactions privées. Il en résulta ce qu'on a appelé le

« capitalisme politique » impliquant une conversion du pouvoir politique en pouvoir économique (Staniszkis, 1991*a*, 1991*b* ; Coenen-Huther, 2000) ou, pour s'exprimer à la manière de Bourdieu, une conversion du capital politique en capital économique. En d'autres termes, des élites spécialisées sont passées d'un secteur d'activité à l'autre, conservant ainsi des positions prééminentes dans un système transformé, à condition d'adopter de nouvelles « règles du jeu ». On y reviendra dans un chapitre ultérieur.

Les élites comme minorités

Qu'on opte pour le singulier ou pour le pluriel, le terme « élite » ne peut que se référer à des groupes minoritaires. Quel que soit le critère d'identification adopté – professionnel, culturel, religieux, linguistique –, une élite n'est identifiable comme telle que par comparaison avec une catégorie majoritaire qui constitue la non-élite. Dans les relations entre ses membres tout comme dans les relations entre membres et non-membres, l'élite est donc soumise aux règles de fonctionnement et d'interaction qui s'appliquent à toute minorité. Dans le cadre de sa sociologie formelle, Georg Simmel formule quelques propositions qui vont en ce sens. Pour lui, « les corps aristocratiques » ont nécessairement « une dimension relativement réduite ». Cette limitation quantitative comporte deux aspects. Il y a d'abord un rapport de proportion : « ce fait évident qui tient à leur domination par rapport aux masses ». Mais il y aussi un élément non proportionnel : il y a « une limite absolue au-delà de laquelle la forme de groupe aristocratique ne peut plus être maintenue ». Cela tient aux formes de sociabilité que seule un groupement d'envergure limitée peut assurer : « il faut que le réseau des liens de parenté et des alliances traverse ce corps tout entier et qu'on puisse le suivre » (Simmel, 1908, 1999, p. 84).

Identité et altérité

En tant que minorité, l'élite est soumise en particulier à la dialectique de l'identité et de l'altérité. Tout d'abord, les membres de l'élite se sentiront quelque chose en commun, qui les distingue de tous ceux qui n'appartiennent pas à l'élite. Ceci pourra susciter un sentiment de connivence pouvant donner lieu à des comportements qui n'auront pas d'autre fonction que d'entretenir, voire d'accentuer ce sentiment de connivence. On est ainsi ramené, par la simple analyse formelle, à la question qui est au coeur du débat suscité par Charles Wright Mills

(Mills, 1969), et sur laquelle on reviendra plus loin : les diverses élites spécialisées ont-elles suffisamment de conceptions et d'intérêts en commun pour pouvoir être considérées comme une seule catégorie dirigeante ? En termes très généraux, le sentiment dominant de connivence l'emporte-t-il ou non sur les diverses particularités ? Mais le sentiment d'identité ne peut qu'être renforcé par la conscience d'une altérité. Ce mécanisme se traduit de la manière la plus forte par l'opposition élite-masse qui, selon l'orientation philosophique et idéologique des commentateurs, prend l'allure d'une attitude condescendante ou méprisante à l'égard de la masse, censée représenter tout ce que l'humanité recèle d'esprit grégaire – c'est le cas, par exemple, chez Ortega y Gasset – ou au contraire d'une exaltation du rôle dynamique et créateur des masses qu'on juge, comme le rappelait Gurvitch, « saines, salutaires, accomplissant une mission historique » (Gurvitch, 1963, tome I, p. 152). Comme dans toute minorité, le sentiment d'appartenance à l'élite peut être stimulé par un certain style de vie, par des formes de consommation, ostentatoire ou au contraire volontairement discrète, enfin par certaines formes de sociabilité. Dans tout ceci, on retrouve la volonté de se distinguer des autres, donnant lieu au processus de distinction mis en évidence par Bourdieu. Pour ce dernier, la distinction « n'est en fait que *différence*, écart, trait distinctif, bref propriété *relationnelle* qui n'existe que dans et par la relation avec d'autres propriétés » (Bourdieu, 1994, p. 20).

À l'extrême, les formes de sociabilité pratiquées au sein de l'élite peuvent être systématiquement organisées de manière à renforcer sa cohésion et à amplifier la distance sociale, voire culturelle, entre les membres de l'élite et le reste de la population. Une minorité dirigeante, à la manière de certains partis politiques évoqués par Maurice Duverger, peut alors revêtir les caractères d'un « ordre » dévoué à un pouvoir de type « charismatique » (Duverger, 1951). À l'opposé des relations superficielles qui caractérisent la « masse » ou non-élite, on y trouve des affinités principalement affectives, typiques de la catégorie du *Bund* (ligue, alliance), notion que Duverger emprunte à Hermann Schmalenbach (1922) et qu'il traduit par « ordre » en songeant à des ordres d'inspiration religieuse comme l'Ordre de Malte (Duverger, 1951 et 1961, p. 149). L'émergence des totalitarismes peut s'interpréter au moins en partie de cette façon. Le totalitarisme moderne peut en effet être considéré comme l'aboutissement d'un processus amorcé par l'intervention d'un parti de type « ligue » ou *Bund* dans un contexte de rationalité libérale ébranlée, en vue de restaurer – ou de projeter dans l'avenir – des valeurs communautaires. À ce sujet, Duverger note que l'engagement exigé par le *Bund* est « une adhésion totale, une orientation de l'ensemble de la vie » ; il en conclut que « tous les partis totalitaires ont un caractère de *Bund* et tous les partis à caractère de *Bund* sont totalitaires » (*ibid.*, p. 152-153).

Liée à une volonté plus ou moins nette de se distinguer, on peut observer une tendance de l'élite à l'exclusivisme, c'est-à-dire à se comporter comme un *in-group* face à un *out-group*. Les groupes, quels qu'ils soient, peuvent en effet être de type fermé ou de type ouvert. Dans le cas d'une élite reconnue ou autoproclamée, divers facteurs inciteront à restreindre l'accès, même à des personnes qui rempliraient toutes les conditions formelles pour accéder à cette élite. Il y a tout d'abord le mécanisme de distinction lui-même, qui fait dépendre le prestige d'une distance par rapport aux catégories majoritaires. La valeur symbolique de l'appartenance à l'élite ne pourrait que diminuer si l'accès devenait trop aisé. Il peut y avoir ensuite la volonté de ne pas distribuer trop largement les avantages économiques et sociaux de l'appartenance à un groupe minoritaire. Il peut y avoir enfin la crainte de voir se transformer par la seule loi du nombre un mode de vie et des formes de sociabilité qui sont nécessairement l'apanage d'une minorité. Le degré le plus élevé de l'exclusivisme se rencontre dans les élites présentant certains traits typiques des castes, tels qu'ils ont été mis en évidence par Celestin Bouglé : hiérarchie, hérédité, répulsion (1908). À cet égard, Tocqueville, réfléchissant sur les facteurs qui avaient suscité la Révolution française, a signalé un contraste net entre l'aristocratie française et l'aristocratie anglaise sous l'Ancien Régime finissant. La première avait tendance à adopter des comportements de caste, s'isolant des autres catégories sociales et conférant une importance prioritaire au facteur héréditaire, alors que la seconde était relativement ouverte et cooptait régulièrement les éléments les plus dynamiques des autres couches sociales. L'aristocratie anglaise n'était pas seulement ouverte, ses limites étaient floues, indistinctes, « de telle sorte que tout ce qui l'approchait pouvait croire en faire partie » (Tocqueville, 1952, p. 152).

La performance et la transmission héréditaire

L'accent mis sur le caractère héréditaire d'une minorité dirigeante ou privilégiée pose le problème de la nature du critère distinctif de l'élite. Depuis Talcot Parsons, on oppose généralement les jugements fondés sur la performance (*achievement*), c'est-à-dire sur des caractéristiques acquises par l'individu, aux jugements fondés sur des caractéristiques attribuées ou héritées (*ascribed*), qui ne doivent rien aux efforts de l'individu lui-même. La prééminence peut être associée sans trop de difficultés logiques à des éléments attribués en raison de la transmission héréditaire. En revanche, l'excellence ne s'accorde directement qu'avec la performance. Pour pouvoir accorder une présomption d'excellence à une catégorie sociale prééminente par la naissance, il faut pouvoir montrer de façon convaincante que les qualités ayant fondé la prééminence des ancêtres se sont transmises de génération en génération et n'ont pas cessé de caractériser leurs héritiers. Lorsque la réalité de cette transmission d'excellence est mise en doute, c'est la légitimité même de la position prééminente qui est remise en question. À ce propos également, Tocqueville jugeait instructive la comparaison entre la noblesse française et la noblesse anglaise. Du côté anglais, la noblesse continuait à participer effectivement à l'exercice du pouvoir. Du côté français, la noblesse s'accrochait à ses privilèges mais disposait de moins en moins de pouvoir réel. Ceci entraînait une différence importante dans les attitudes et les perceptions. En Angleterre, la noblesse, soucieuse de conserver un pouvoir effectif et non seulement l'apparence du pouvoir, se trouva contrainte d'adopter des stratégies d'accommodement avec les autres classes. Il en résulta notamment un partage plus équitable des charges fiscales. « Là, commente Tocqueville, l'aristocratie a pris pour elle les charges publiques les plus lourdes afin qu'on lui permît de gouverner ; ici, elle a retenu jusqu'à la fin l'immunité d'impôt pour se consoler d'avoir perdu le gouvernement » (Tocqueville, 1856, p. 159-160). Et Tocqueville de conclure que c'est la perte de crédibilité de la noblesse française comme élite porteuse d'une quelconque forme d'excellence qui a contribué à entraîner la France dans la voie du changement social par voie de révolution violente plutôt que par évolution graduelle.

Les caractéristiques qui fondent la prétention à un statut d'élite peuvent donc être « acquises » ou « attribuées » (*achieved* vs *ascribed*). Cette distinction n'est pas sans importance pour les interactions qui peuvent s'établir entre le groupe minoritaire et la majorité de la population. En effet, comme le fait observer Siegfried Nadel, la supériorité d'une certaine catégorie d'individus peut être reconnue tacitement par le reste de la population sans que cela conduise nécessairement à une dynamique sociale quelconque (Nadel, 1990, p. 417). Lorsque la prééminence est fondée traditionnellement sur une caractéristique attribuée ou héritée – l'ethnie, la race – la notion de modèle culturel est de faible pertinence. Comment, en effet, prendre pour modèle une catégorie d'individus dont on est exclu d'emblée ! Dans ce cas, on observera, certes, des phénomènes d'imitation ou de rejet, mais sans que cela puisse se traduire par de réelles stratégies d'insertion. Car, en fin de compte, on ne peut qu'accepter ou rejeter la validité de cette caractéristique comme critère de supériorité. En revanche, lorsque la prééminence est assurée par une caractéristique acquise – talent, qualification, ressource –, les conditions d'un accès à l'élite par voie d'imitation existent, au moins en principe. Une dynamique se crée entre les stratégies de l'élite établie et celles des candidats à l'admission dans l'élite. Pour peu que l'élite manifeste une tendance marquée à l'exclusivisme, elle tentera de multiplier les obstacles. Une dialectique subtile peut alors se développer entre ce qui relève des connaissances et des qualifications d'une part, ce qui relève des talents sociaux – entregent, habileté, civilité – d'autre part.

La langue comme critère de supériorité

Une place à part doit être faite à la langue comme critère de supériorité, c'est-à-dire comme indice d'appartenance sociale autant que culturelle. Dans la très grande majorité des cas, la langue fait partie du bagage culturel transmis par voie de socialisation primaire. Elle peut néanmoins être acquise également par un apprentissage ultérieur. Il arrive qu'une élite se distingue par l'usage d'une langue différente de celle de son peuple. Ainsi en fut-il en Russie et en Flandre, lorsque le prestige international du français incitait les classes dirigeantes à s'exprimer dans cette langue. À Anvers, à Bruges et à Gand tout comme à Saint-Pétersbourg, on pouvait entendre autrefois les mêmes expressions de dédain pour le parler populaire, exprimées dans des termes volontairement méprisants : « Je parle français avec mes amis et flamand (ou russe) avec la servante ». Les conséquences de telles situations peuvent être très diverses. On peut assister à des stratégies individuelles d'acquisition de la langue de l'élite qui résultent dans une perte d'identité culturelle. On peut également assister à l'émergence d'un mouvement contre-culturel visant à promouvoir la langue dédaignée par l'élite établie. Une des conséquences de la réussite d'un tel mouvement est l'émergence graduelle d'une élite concurrente, en mesure d'atteindre des positions prééminentes sans abandonner sa langue d'origine. C'est le processus que provoqua en Belgique la lutte émancipatrice du mouvement flamand.

Les élites et la lutte des classes

De nombreux commentateurs sont d'avis que les théoriciens classiques des élites étaient hostiles aux conceptions marxistes et qu'une de leurs préoccupations était de substituer à la théorie de la « lutte des classes » une vision à leurs yeux plus adéquate de l'évolution sociale. C'est le cas, par exemple, de Tom Bottomore pour qui les vues théoriques de Mosca et Pareto se développèrent « en opposition à la théorie sociale de Marx » (Bottomore, 1964, p. 18). La réalité des relations entre la sociologie des élites et la sociologie des classes sociales est néanmoins plus complexe dans la mesure même où la notion de « classe » issue de la tradition marxienne est chargée d'ambiguïtés. Dans les écrits de Marx, le terme de classe désigne aussi bien des minorités privilégiées – noblesse, bourgeoisie – que des masses dominées : les ouvriers, les paysans (Aron, 1960, p. 279-280). Ensuite, on trouve chez Marx l'ébauche d'une théorie des classes à portée universelle – celle qui est contenue dans la formule abrupte du *Manifeste communiste* : « L'histoire de toute société jusqu'à nos jours, c'est l'histoire de la lutte des classes » (Marx, 1965, p. 161) – mais on y trouve aussi des arguments en faveur d'une contextualisation de cette théorie, selon l'époque et selon la société. Lorsqu'il est mis au service des propositions à visée universelle du *Manifeste*, le terme de « classe » porte sur des catégories assez hétéroclites, « homme libre et esclave, patricien et plébéien, baron et serf, maître de jurande et compagnon », toutes ramenées à une opposition dichotomique : « en un mot : oppresseurs et opprimés » (*ibid.*). Ce terme de « classe » s'élargit alors aux *Stände* – c'est-à-dire aux ordres ou états – d'Ancien Régime. Dans le contexte de la modernité au contraire, le terme vise beaucoup plus spécifiquement des groupes caractérisés par leur position par rapport aux moyens de production. Selon la variante à laquelle on se réfère, on pourra donc considérer la théorie des élites comme une généralisation de la théorie de la lutte des classes, comme un complément à celle-ci, ou encore comme une théorie de substitution. Ralf Dahrendorf fit observer à ce sujet que le terme de « classe », utilisé pour désigner des groupes définis en termes structurels et luttant pour des objectifs à caractère structurel, fait partie du vocabulaire des auteurs se réclamant de la théorie des élites tout comme de ceux se situant dans la tradition marxienne (Dahrendorf, 1972, p. 203-204).

Déjà dans *Les Systèmes socialistes*, Pareto accepte l'idée de lutte de classes et admet sa réalité. « La lutte des classes, sur laquelle Marx a spécialement attiré l'attention, est un fait réel », écrit-il, « dont on trouve des traces à chaque page de l'histoire » (Pareto, 1902, p. 117-118). Il ne s'agit donc pas de « savoir si la lutte des classes existe ou n'existe pas » : on ne peut qu'en constater l'existence (Pareto, 1903, p. 409). Mais Pareto va plus loin : dans une perspective darwiniste, il y voit un phénomène fondamentalement sain : « L'évolution s'accomplira dans un sens d'autant plus favorable au bien-être général, que les différentes classes sociales déploieront toutes d'autant plus d'énergie pour défendre leurs droits et sauvegarder leurs intérêts. » (*ibid*, p. 450). La lutte des classes est ainsi « une forme de la lutte pour la vie, et ce que l'on nomme le conflit entre le travail et le capital n'est qu'une forme de la lutte des classes » (*ibid.*, p. 454-455). Pour Pareto, cette opposition capital-travail engendrée par le capitalisme industriel n'est qu'une forme particulière d'antagonisme inhérent à toute société diversifiée. Il reconnaît donc l'importance de la lutte des classes comme moteur du changement social. Il fait toutefois des réserves quant au poids donné par Marx aux facteurs économiques. La force militaire ou le contrôle de l'appareil d'État lui paraissent des éléments à ne pas négliger. Il n'accepte pas non plus la réduction de la lutte des classes à l'affrontement de deux classes antagonistes : « Elle n'a pas lieu seulement entre deux classes : celle des prolétaires et celle des capitalistes, elle se retrouve entre une infinité de groupes qui ont des intérêts différents, et surtout entre des élites qui se disputent le pouvoir » (1902, p. 118). Pareto ne se rallie pas davantage à l'idée d'une fin de la lutte des classes dans une société sans classes d'où toute source de conflit aurait disparu. Il lui paraît assez évident qu'apparaîtront alors des conflits sociaux d'un type nouveau : « Supposez le collectivisme établi, supposez que le capitalisme n'existe plus, il est clair qu'alors il ne pourra plus être en conflit avec le travail ; mais ce ne sera qu'une forme de la lutte des classes qui aura disparu, d'autres les remplaceront. » (Pareto, 1903, p. 455). On trouve donc chez Pareto une opposition dichotomique qui traverse le cours de l'histoire et qui est tout aussi fondamentale que l'opposition marxiste entre oppresseurs et opprimés : c'est l'opposition entre dominants et dominés ou entre élites et masses. Mais la lutte des classes secrète continuellement de nouvelles élites et c'est ce qui permet l'articulation d'une théorie des classes et d'une théorie des élites. Pour Pareto, les mouvements socialistes en fournissent l'illustration : « Le socialisme facilite l'organisation des élites qui surgissent des classes inférieures et il est, à notre époque, un des meilleurs instruments d'éducation de ces classes (Pareto, 1902, p. 63). Les classes sociales, observe-t-il, ne sont jamais des blocs homogènes et ceci fournit un autre point de rencontre entre la théorie des classes et le théorie des élites : au sein d'une classe, « il y a toujours… des rivalités, et un des partis qui se forme ainsi peut chercher son point d'appui dans les classes inférieures. C'est là un phénomène très général. Presque toutes les révolutions ont eu pour chefs des membres dissidents d'une élite » (*ibid.*, p. 71). Sur ce point aussi le socialisme offre l'exemple : « ... les chefs socialistes se recrutent principalement parmi la bourgeoisie » (*ibid.*, p. 73). Dans cette perspective parétienne, la lutte pour le contrôle des moyens de production et pour la répartition des bénéfices de la production ne constitue qu'un cas particulier ; d'importance plus générale est la lutte pour la domination de l'État par les minorités à vocation d'élites gouvernementales.

Adoptant la même orientation de pensée, Raymond Aron considère que les régimes socio-politiques se caractérisent mieux par la « structure des catégories dirigeantes » que par les rapports de classes (Aron, 1960, p. 276). Dans la littérature d'orientation marxiste, les révolutions politiques donnant lieu à un remplacement des catégories dirigeantes sont en dernière analyse le résultat d'affrontements classe contre classe. Ceci paraît discutable et Marx lui-même reconnaissait que toutes les révolutions du passé avaient été le fait de minorités qui s'étaient appropriées le bénéfice de la transformation révolutionnaire de la société. Le schéma « classe contre classe » ne résiste à l'examen que si l'on assimile les « ordres » ou « états » d'Ancien Régime à des classes au sens moderne. Or ces ordres prérévolutionnaires étaient des groupements stratifiés en compétition. La Révolution française s'interprète mieux comme le résultat de la rivalité des « ordres » ou « états » que comme un affrontement « horizontal » ; le Tiers-État était un ensemble hiérarchisé. Dans l'eschatologie marxiste, la révolution prolétarienne de l'avenir doit être la première révolution dont les fruits ne seront pas accaparés par une minorité car la classe ouvrière révolutionnaire ne sera plus incorporée dans un ensemble hiérarchisé. Elle fera la révolution pour elle-même et ne pourra s'imposer à d'autres catégories sociales puisqu'elle est au bas de l'échelle sociale : elle est *la* classe exploitée en dessous de laquelle il n'y a plus que des franges marginales. De ce point de vue, l'image de l'affrontement classe contre classe est trompeuse. Une classe sociale tout entière ne peut exercer le pouvoir. La bourgeoisie en tant que classe n'a pas exercé le pouvoir ; c'est une élite gouvernementale qui l'a exercé pour elle. À plus forte raison, la classe ouvrière ne pourrait que déléguer le pouvoir à une minorité l'exerçant en son nom. Ainsi, la révolution prolétarienne – comme les révolutions qui l'ont précédée – serait le fait d'une minorité qui en aurait évincé une autre. Il y a donc ici place pour plusieurs schémas d'interprétation relevant tous d'une vision conflictuelle de l'histoire. On peut considérer l'affrontement des élites gouvernementales comme un substitut à la notion de lutte des classes : une manière de nier l'importance de l'opposition capital-travail ou en tout cas de la réduire fortement. Mais on peut y voir une généralisation de cette théorie car les élites gouvernementales en concurrence sont toujours l'émanation de groupes en conflit, même si elles tendent à s'autonomiser par rapport à leur groupe d'origine. On peut aussi traiter le renouvellement des élites comme un complément à la lutte des classes, lui permettant de se traduire en termes de gouvernement.

Élite ou élites : diversité des points de vue

On s'en sera sans doute rendu compte à la lecture des paragraphes précédents : un élément normatif interfère fréquemment avec les éléments purement cognitifs ou empiriques, dans les différents points de vue émis sur la question de l'élite ou des élites. Réduit à l'essentiel, l'objet qui se présente à l'analyse sociologique sous la rubrique « élite(s) » est un objet qui se situe à l'écart de la sensibilité égalitariste dominante à notre époque. Il s'agit en effet de la prééminence d'une minorité : des raisons de cette prééminence et de la manière dont elle se manifeste. Un point de vue clairement normatif, mais qui ne saurait être écarté purement et simplement, est celui qui présente les avantages découlant de la délégation de pouvoirs et de responsabilités à des minorités. Selon ce point de vue, les caractéristiques qui doivent être celles de ces minorités tout comme les modalités de leur sélection peuvent et doivent faire l'objet de débats ; en revanche, le principe même de la concentration des fonctions dirigeantes entre les mains d'une minorité doit être tenu pour allant de soi : les affaires d'un groupement social quelconque ne sont jamais gérées également par la totalité de ses membres, même lorsqu'il s'agit d'une communauté relativement restreinte. Ce point de vue normatif prend des allures déplaisantes lorsqu'il s'accompagne d'un mépris hautain pour tous ceux qui relèvent de « la masse ». Il mérite pourtant d'être pris en compte – même si c'est pour finalement le contester au nom d'une échelle de valeurs opposée – lorsqu'il se fonde sur les effets pervers qui peuvent résulter du refus de la sélection d'élites, en termes de gaspillage d'énergies, de déficit de compétences et d'inefficacité dans l'action.

À côté de telles prises de position à caractère normatif, on trouve des analyses s'efforçant – sans toujours y parvenir – de rester sur le terrain de la neutralité axiologique. Ces points de vue théoriques peuvent être grossièrement classés en deux catégories. Il y a tout d'abord l'orientation qui privilégie les caractéristiques personnelles des membres de l'élite ou des candidats à l'accès à l'élite. C'est l'idée qu'une élite dirigeante est nécessairement composée d'individus présentant des qualités les mettant en mesure d'exercer des fonctions de *leadership*, ces qualités pouvant, bien entendu, varier fortement selon les contextes et les époques. Une société guerrière n'exige pas les mêmes qualités de *leadership* qu'une société marchande. Ceci indique très nettement que les caractéristiques en question ne sont nullement des caractéristiques psychologiques, contrairement à ce que suggèrent entre autres David Beetham et Julian Petrie (Beetham et Petrie, 1983, p. 109). La société féodale requiert une aristocratie de guerriers. La polarisation élite-masse se traduit dans ce contexte par l'opposition guerriers-paysans. Le mode de vie et les normes de comportement propres à l'aristocratie favorisent dès lors en son sein la formation d'un *habitus* poussant à l'affirmation de soi par la force des armes. L'évolution historique ayant rendu cette disposition comportementale de moins en moins utile à la gestion des affaires intérieures du pays, c'est un profil de gestionnaire qui s'impose progressivement comme la caractéristique la plus adéquate. Dans l'un et l'autre cas, les caractéristiques requises des élites sont subordonnées à des exigences relationnelles et engendrées par celles-ci. Une autre orientation met l'accent sur les modes d'organisation favorisant l'émergence d'une élite. Toute élite dispose de formes d'organisation ou de talents organisationnels qui lui permettent de s'imposer à la majorité inorganisée. Encore une fois, les exigences organisationnelles peuvent être très différentes d'une société à l'autre. Le mode d'organisation permettant de s'imposer par la force n'est pas celui qui permet de dominer par l'habileté manœuvrière ou le succès dans les transactions commerciales. Mais dans cette optique, on est surtout attentif à l'émergence d'organisations complexes dans le monde moderne et à la tendance à la bureaucratie qui en résulte. Cette bureaucratisation progressive du gouvernement des sociétés développées exige la mise en place d'élites fonctionnelles spécifiques et rend problématique le fonctionnement des régimes démocratiques. La question qui se pose alors est celle de la compatibilité entre l'existence d'élites spécialisées et les principes de gouvernement démocratiques. C'est la diversité des élites qui est généralement considérée comme la garantie de cette compatibilité. Des élites en compétition offrent un rôle d'arbitrage à la population pour autant que celle-ci se sente suffisamment concernée pour le jouer. La bureaucratisation est cependant elle-même la source d'une opacité de nature à décourager l'implication du grand nombre dans la gestion des affaires publiques.

En dépit du lien qui peut être établi entre les deux termes de la conception parétienne, les hésitations entre l'usage du singulier et celui du pluriel – l'élite ou les élites – tendent à se traduire par un éclatement de l'objet. John Scott distingue à cet égard entre théoriciens dits « élitistes » – nous dirons unitaristes pour ne pas susciter de confusion avec les normativistes –, centrant leur attention sur l'existence *d'une* élite dirigeante, gouvernementale ou non, et les théoriciens pouvant être qualifiées de « pluralistes », s'intéressant au contraire à la diversité des élites, dans tous les contextes et à tous les niveaux (Scott, 1990, p. xi-xiii). Ceci ne recouvre pas la distinction parétienne entre excellence et prééminence. Les uns et les autres peuvent se satisfaire de la constatation d'une position de supériorité sociale de fait. Pour les premiers cependant, l'élite se confond avec la classe dirigeante qu'on trouve aux postes de responsabilité, dans les divers organes de l'État ou dans le secteur privé.

Alain Touraine adopte une position plus nuancée à l'égard du dilemme unité-pluralité. Tout système politique, fait-il observer, est sujet à une domination de classe pouvant prendre la forme d'une hégémonie qui lui impose des contraintes. Il subsiste malgré tout un « élément de pluralité » qui ne se réduit pas à un rapport de domination et qui suppose « l'existence de forces sociales et politiques » diverses. Leur compétition ou leur conflit se traduit « par une lutte d'influence sur la prise de décision et par des pressions de tous ordres exercées sur les éléments unificateurs ». Il n'en reste pas moins qu'un système « entièrement pluraliste ne peut être qu'en état de décomposition et d'incohérence, agrégat de lobbies et de groupe d'intérêts ne se correspondant pas d'un secteur institutionnel à un autre » (Touraine, 1973, p. 214-216). Dans les chapitres suivants, on passera successivement en revue les arguments plaidant en faveur de l'unité de l'élite dirigeante ou de la pluralité des élites en compétition.

Chapitre 2

L'élite comme classe dirigeante

Les relations entre la notion d'élite et celle de classe sociale sont entourées de beaucoup de confusion. Pour certains, l'élite – élite dirigeante, élite gouvernementale, élite de puissance – *est* une classe sociale car elle en possède les caractéristiques majeures : statut plus ou moins homogène, niveau de formation et de revenus correspondant, conscience d'appartenir à une catégorie ayant des intérêts largement semblables. Le terme d'élite se superposerait donc à l'expression « classe dirigeante », ou *ruling class* dans la littérature de langue anglaise. Pour d'autres, au contraire, chaque classe comporte sa propre élite et on pourrait compter autant d'élites qu'on distingue de classes sociales. On voit ressurgir ainsi l'usage contrasté du singulier et du pluriel. Mais c'est bien de l'élite comme minorité dirigeante qu'il sera question dans ce chapitre, quelle que soit l'unité ou la diversité de cette minorité.

La théorie des élites – l'étude systématique des processus affectant les élites dirigeantes – a été fréquemment considérée comme un substitut à la théorie de la lutte des classes. Observons toutefois que le déclin de l'idée de lutte des classes au cours des dernières décennies n'a guère favorisé la notion d'élite. L'individualisme égalitariste ambiant a certes créé un climat défavorable à l'idée de barrières de classes mais ce climat n'est guère plus favorable à l'idée de catégories qui ne seraient accessibles que sélectivement. On évoque plus volontiers l'homogénéisation relative des goûts et des pratiques, dans une société nivellée, aux hiérarchies relativement fluides. Mais le caractère apparemment antithétique de la théorie des élites et de la théorie de la lutte des classes mérite qu'on s'y attarde. Pour la majorité des auteurs du XIXe siècle – et pour Marx en particulier – l'État, le gouvernement, la politique sont des épiphénomènes qui ne méritent pas un traitement particulier. En cela, il y a rupture avec les philosophes politiques des siècles précédents, de Thomas Hobbes à Jean-Jacques Rousseau. Avec son insistance sur l'autonomie du politique, Alexis de Tocqueville fait à cet égard exception et c'est ce qui contribue au regain d'intérêt actuel pour son œuvre. Mais la théorie de la lutte des classes, telle qu'elle émerge de l'œuvre marxienne, n'accorde pas à l'État et à ceux qui le servent le statut de facteur distinct dans les processus de changement social. Le mouvement de l'histoire est fait d'un affrontement d'intérêts de classes, comportant à chaque époque une classe opprimée ou à tout le moins dominée : les esclaves dans le mode de production antique, les serfs dans le mode de production féodal, les salariés dans le mode de production capitaliste propre à la société bourgeoise. Chaque fois que les contradictions propres à un mode de production particulier aboutirent à une situation de crise, il en résulta un bouleversement de nature révolutionnaire. Mais les révolutions du passé, comme le rappelle Raymond Aron, se sont toujours produites sous l'impulsion de minorités et ont eu des minorités pour bénéficiaires (Aron, 2002, p. 51). Jusqu'ici donc, on peut s'en tenir à une superposition de l'idée de classe dominante et de celle d'élite dirigeante. Dans la conception marxienne, cette superposition n'est cependant pas une constante de l'histoire ; elle n'est pas destinée à durer. La révolution prolétarienne doit rompre avec cet éternel retour de minorités aux fonctions dirigeantes. En mettant fin à la domination de la bourgeoisie et au régime capitaliste, la classe ouvrière doit mettre fin une fois pour toutes aux antagonismes de classes et rendre possible l'avènement d'une société sans classes. La vision marxienne du changement social repose donc sur l'idée d'une transformation radicale qui supprime les affrontements du passé et rend caduque la distinction entre minorité dirigeante et majorité dominée.

C'est sur ce point que les théoriciens classiques des élites (Pareto, Mosca, Michels) s'écartent résolument de la vision d'avenir liée à la théorie de la lutte des classes. Dans leur esprit, il n'y a aucune raison sérieuse pour que le règne des minorités dirigeantes prenne fin et la croyance en l'avènement d'un ordre social qui abolirait les distinctions entre dominants et dominés relève de l'utopie sociale. Toutes les sociétés humaines connues ont été dirigées par des minorités et tout porte à croire que seules peuvent varier les caractéristiques de ces minorités. Un changement révolutionnaire qui met fin à la domination d'une élite ne peut que porter au pouvoir une autre élite. Il n'empêche que sur un plan théorique, il n'y a pas véritablement contradiction entre lutte de classes et domination des élites. Une société peut être une société de classes, traversée par des antagonismes entre ces classes, tout en étant dirigée par une minorité qui ne s'identifie complètement à aucune des classes en présence. Sur un plan métathéorique, en revanche, l'écart est important. On a affaire à deux sensibilités radicalement opposées. Pour les théoriciens de la lutte des classes, le devenir historique est porteur d'une promesse d'apaisement de l'histoire, dans une société réconciliée avec elle-même. On se trouve ainsi devant une vision fondamentalement optimiste de l'avenir de l'humanité, portée par l'idée de progrès. En comparaison, les théoriciens des élites apparaissent de prime abord foncièrement pessimistes, même s'ils se veulent avant tout réalistes. Leur conception du cours de l'histoire est cyclique. Il n'y a pas d'aboutissement de l'histoire. Les mêmes causes produisent les mêmes effets et aucun projet de réorganisation sociale ne peut éliminer la nécessité d'une élite dirigeante ; en revanche, ce qui peut changer pour le meilleur et pour le pire, c'est la manière dont l'élite dirigeante assure son pouvoir. Par rapport à l'idéologie de progrès qui domine le XIXe siècle sous l'une ou l'autre forme, les théoriciens des élites du début du XXe siècle introduisent une perspective complètement différente.

La tendance à l'oligarchisation

Pour les théoriciens des élites, il y a dans l'histoire de l'humanité des constantes qui réapparaissent à chaque époque sous de nouvelles formes. Les tendances récurrentes qu'ils mirent en évidence leur parurent justifier le recours à la notion de « loi ». De nos jours, les sociologues, conscients de l'impossibilité de formuler des lois à validité universelle comparables à celles des sciences de la nature, renoncent à s'exprimer en termes de lois. Ils préfèrent s'en tenir plus prudemment à la présentation de « tendances » ou encore à la formulation de propositions conditionnelles du type : « Si A alors B », indiquant que si un certain nombre de conditions sont réunies (A), on peut vraisemblablement s'attendre à telle ou telle conséquence (B). L'étude de phénomènes en rapport avec la théorie des élites suggère néanmoins l'existence de tendances à portée si générale que le terme de loi a paru s'imposer pour les désigner. Ainsi en est-il de la « loi d'airain de l'oligarchie » présentée par le sociologue et économiste germano-italien Robert Michels (1876-1936) qui s'inspire fortement des travaux de Mosca.

Robert Michels et la loi d'airain de l'oligarchie

En se fondant sur son expérience du fonctionnement des partis sociaux-démocrates allemand et italien, Michels montre tout d'abord qu'il y a des limites très nettes à l'application des principes démocratiques, même dans des partis qui se vouent à la lutte pour une société égalitaire. « L'idéal pratique de la démocratie », écrit Michels « consiste dans le self-government des masses, conformément aux décisions des assemblées populaires ». Mais, poursuit-il, « l'argument le plus formidable contre la souveraineté de la masse est tiré de l'impossibilité mécanique et technique de sa réalisation. Rien qu'en voulant réunir régulièrement des assemblées délibérantes de mille membres, on se heurterait aux plus grosses difficultés de temps et d'espace. » (Michels, 1971, p. 27-28). La nécessité de se donner une organisation solide et efficace pousse à déléguer les responsabilités à une minorité active à qui on est bien obligé de faire confiance car il est impossible de faire participer l'ensemble des membres à la gestion de l'organisation. Ce principe de délégation et ses conséquences peuvent être abordés sous un angle tout à fait général. Dès qu'un grand nombre d'individus doivent être rassemblés dans une organisation qui ait quelque efficacité, une minorité dirigeante émerge d'une façon ou l'autre et – qu'elle le veuille ou non – se détache peu à peu de la masse qu'elle est censée représenter et guider. Les tendances à l'oligarchisation attirent l'attention de Michels à trois points de vue. Pour ce qui est de la théorie des élites, il se demande comment une situation de réelle démocratie peut être réalisée au niveau des États nationaux. D'un point de vue de sociologie générale, il examine comment des structures oligarchiques peuvent être expliquées dans des partis politiques dont l'idéologie et les statuts ont une orientation démocratique et égalitaire. Dans une optique de pratique politique enfin, il s'interroge sur le rôle que peuvent véritablement jouer les partis sociaux-démocrates dans l'édification d'une société socialiste (Michels, 1971).

La diversité des préoccupations de Michels entraîne l'enchevêtrement de plusieurs lignes d'argumentation et ceci n'est pas fait pour faciliter la compréhension de raisonnements qu'un style quelque peu touffu obscurcit déjà. Giovanni Busino n'a pas tort de souligner le caractère « disparate » des indicateurs d'oligarchie de Michels (Busino, 1988*c*, p. 66) et l'aspect « hétéroclite » de ses explications (Busino, 1992, p. 25). Il est néanmoins possible de schématiser le processus décrit par l'auteur en le ramenant au jeu d'un nombre réduit de variables. Il y a tout d'abord le facteur temps. C'est l'installation dans la durée qui, tout à la fois, favorise et rend nécessaire la mise en place de structures formelles. « À l'origine, le chef n'est que le serviteur de la masse. L'organisation est fondée sur l'égalité absolue de tous ceux qui en font partie » (Michels, 1971, p. 28). Dès qu'il y a création d'une organisation destinée à durer, la vie organisationnelle a ses exigences propres qui sont liées à l'évolution du nombre de membres. Les mesures visant à se prémunir contre l'oligarchisation « ne sont applicables que sur une très petite échelle » (*ibid.*, p. 30). Dans une perspective d'expansion, la croissance est d'abord purement quantitative : le nombre de membres augmente. La massification de l'organisation suscite alors une augmentation de la complexité organisationnelle : on assiste à une diversification des relations entre les membres. « La spécialisation technique, cette conséquence inévitable de toute organisation plus ou moins étendue, rend nécessaire ce qu'on appelle la direction des affaires. Il en résulte que que le pouvoir de décision, qui est considéré comme un des attributs spécifiques de la direction est à peu près retiré aux masses et concentré entre les mains des chefs seuls. » (*ibid.*, p. 32). Il s'ensuit également une formalisation des relations. Ces conditions structurelles suscitent des processus cumulatifs conduisant inexorablement à un renforcement de la différenciation entre dirigeants et dirigés. « Toute organisation solidement constituée, qu'il s'agisse d'un État démocratique, d'un parti politique ou d'une ligue de résistance prolétarienne, présente un terrain éminemment favorable à la différenciation des organes et des fonctions » (*ibid.*, p. 33). Cette spécialisation fonctionnelle réduit automatiquement les possibilités de contrôle des instances dirigeantes par la base. Corrélativement, la distance sociale et psychologique entre dirigeants et dirigés augmente.

Si l'on examine la démonstration proposée dans le détail, on peut la juger insuffisamment convaincante et donner raison à Busino lorsqu'il critique le choix des « indicateurs d'oligarchie » sur lesquels elle repose (Busino, 1992, p. 23). On peut aussi vouloir affiner l'analyse et distinguer par exemple entre les oligarchies qui œuvrent malgré tout à la réalisation des fins prônées par la base et celles qui poursuivent leurs propres fins (*ibid.*, p. 24). Il n'en reste pas moins que la tendance à la concentration du pouvoir et des responsabilités entre les mains d'une minorité est d'application tout à fait générale et c'est bien ainsi que Michels la conçoit (Parry, 1969, p. 45). Il y insiste : « Qui dit organisation, dit tendance à l'oligarchie. Dans chaque organisation, qu'il s'agisse d'un parti, d'une union de métiers, etc., le penchant aristocratique se manifeste d'une façon très prononcée. Le mécanisme de l'organisation, en même temps qu'il donne à celle-ci une structure solide, provoque dans la masse organisée de graves changements. Il intervertit complètement les positions respectives des chefs et de la masse. L'organisation a pour effet de diviser tout parti ou tout syndicat professionnel en une minorité dirigeante et une majorité dirigée » (Michels, 1971, p. 33). En fait, pour Michels, l'oligarchisation est une conséquence inattendue ou, si l'on préfère, un effet pervers de l'organisation. C'est donc l'analyse des processus donnant lieu à cette tendance qui prête à discussion ; pas l'existence même de la tendance.

La variable « nombre » joue un rôle important dans le schéma explicatif de Michels. À cet égard, on notera à nouveau une affinité des raisonnements portant sur l'élément quantitatif avec la sociologie formelle de Simmel. Ce dernier en effet a analysé l'influence du nombre sur les formes d'interaction sociale. « D'emblée », écrit Simmel, « notre expérience quotidienne nous oblige à reconnaître qu'un groupe, à partir d'une certaine dimension, doit élaborer pour se maintenir et se développer, des règles, des formes et des organes dont il n'a pas besoin auparavant ». À l'inverse, « des cercles plus restreints présentent des qualités et des actions réciproques qu'ils perdent inéluctablement dès que leur nombre s'étend » (Simmel, 1999, p. 81). Des variations d'ordre purement quantitatif ont donc pour Simmel deux sortes de conséquences. D'une part, certaines formes de vie en commun ne peuvent se réaliser « qu'en deçà ou au-delà d'une limite du nombre de leurs éléments », d'autre part, « certaines modifications purement quantitatives du groupe » impliquent nécessairement certaines formes de vie en commun (*ibid.*) Et Simmel en tire des conclusions pratiques qui rejoignent tout à fait les préoccupations de Michels. « On peut constater », note-t-il, « que des ordres socialistes ou proche du socialisme n'ont jusqu'à présent été réalisables que dans de tout petits cercles, mais qu'en revanche ils ont toujours échoué dans de grands cercles ». Ceci met en cause la différenciation progressive qu'entraîne l'augmentation de la taille du groupe. Une répartition équitable du travail et des fruits du travail peut être réalisée relativement facilement dans un petit groupe. L'écart n'est pas trop grand « entre ce que chacun accomplit pour la collectivité et ce que la collectivité lui donne en retour » ; ceci rend donc la comparaison et la compensation aisées. Au contraire, dans un groupe de grandes dimensions, cela devient problématique « parce que les personnes, leurs fonctions et leurs exigences sont forcément différenciées » (*ibid.*, p. 81-82).

La « loi d'airain de l'oligarchie » selon Robert Michels

Le processus qui a commencé grâce à la différenciation des fonctions du parti, est achevé à la faveur d'un ensemble de qualités que les chefs ont acquises du fait de leur détachement de la masse. Les chefs qui, au début, surgissent *spontanément* et n'exercent les fonctions de chef qu'à titre *accessoire* et *gratuit* deviennent chefs professionnels. Ce premier pas est bientôt suivi d'un second, les chefs professionnels ne tardant pas à devenir des chefs *stables* et *inamovibles*.

Le phénomène oligarchique qui se produit de la sorte trouve donc en partie une explication *psychologique*, c'est-à-dire qu'il découle des transformations psychiques que les différentes personnalités du parti subissent au cours de leur vie. Mais il s'explique aussi, et même en premier lieu, par ce qu'on pourrait appeler la *psychologie de l'organisation elle-même*, c'est-à-dire par les nécessités d'ordre tactique et technique qui découlent de la consolidation de tout agrégat politique discipliné.

Réduite à sa plus brève expression, la loi sociologique fondamentale qui régit inéluctablement les partis politiques (en donnant au mot « politiques » son sens le plus large) peut être formulée ainsi : l'organisation est la source d'où naît la domination des élus sur les électeurs, des mandataires sur les mandants, des délégués sur ceux qui les délèguent. Qui dit organisation, dit oligarchie.

Toute organisation de parti représente une puissance oligarchique reposant sur une base démocratique. On trouve partout électeurs et élus. Mais on rencontre aussi partout un pouvoir presque illimité des élus sur les masses qui élisent. La structure oligarchique de l'édifice en étouffe le principe démocratique fondamental. *Ce qui est* opprime *ce qui devrait être*. Pour les masses, cette différence essentielle entre la réalité et l'idéal est encore un mystère.

Robert Michels, *Les Partis politiques. Essai sur les tendances oligarchiques des démocraties*, trad. fr., Paris, Flammarion, 1914, p. 300-301 (1e éd. allemande, 1911)

Seymour Lipset et le « cas déviant »

La meilleure manière de rendre justice à la théorie de l'oligarchie et de juger si elle conduit oui ou non à une « loi » à validité universelle est d'essayer de vérifier ou d'infirmer le caractère inévitable que Michels attribue à l'oligarchisation. La plupart des organisations ou des associations empiriquement observables présentent incontestablement cette tendance, quelles qu'en soient les modalités précises et qu'elles qu'en soient par ailleurs les raisons. Il faut dès lors se demander si certaines organisations arrivent à se soustraire durablement aux tendances oligarchiques. Le sociologue et politologue américain Seymour Martin Lipset fut fortement inspiré par les travaux de Michels. Il considère que la tendance à l'oligarchisation est très générale et que la « loi d'airain » correspond effectivement au mode de développement le plus fréquent des organisations quelles qu'elles soient. Lipset observe également que les efforts pour réduire le contrôle oligarchique des organisations par des procédures formelles ont très généralement échoué (Lipset *et al.*, 1956, p. 6.) Toutefois, contrairement à la majorité des chercheurs qui se sont appliqués à repérer les tendances à l'oligarchie dans les contextes organisationnels les plus divers, Lipset se mit en devoir d'analyser un cas semblant échapper à la tendance générale. C'est ce que lui-même qualifie de « *deviant case method* », la méthode du cas déviant (*ibid.*, p. 469).

Ce cas déviant, Lipset estime l'avoir trouvé dans le syndicat des typographes fondé aux États-Unis en 1850 sous le nom de *International Typographical Union* ou ITU. L'équipe de recherche dirigée par Lipset a dirigé son analyse vers les mécanismes oligarchiques apparaissant un peu partout dans les organisations quelque peu complexes mais ne les a pas trouvés dans le syndicat ITU. Ceci conduisit Lipset, non pas à remettre en question les vues de Michels, mais à vouloir en préciser les conditions d'application. Les chercheurs se sont alors demandés quels étaient les éléments de nature à neutraliser les tendances à l'oligarchie et à préserver la démocratie interne au sein de ce syndicat (*ibid.*, p. 12-13). Les typographes constituaient à l'origine une aristocratie ouvrière s'identifiant fortement à son métier et constituant une véritable communauté. Il en résultait une forte motivation à participer à la vie de l'organisation syndicale et une nette réticence à s'engager dans des activités fractionnelles. En outre, les sections de l'ITU avaient une forte tradition d'autonomie locale qui freinait les tendances à la bureaucratisation. À mesure que les tendances habituelles à l'oligarchisation se manifestèrent, elles furent neutralisées grâce à la participation active des membres. L'élection des dirigeants par référendum fut acquise en 1896 et il en résulta une organisation syndicale sûre d'elle-même et très à l'aise dans ses relations avec les directions d'entreprises (*ibid.*, p. 440-448).

Au-delà des facteurs contingents, Lipset et son équipe se sont efforcés de présenter sous une forme généralisable les facteurs pouvant neutraliser les tendances à l'oligarchie. Ceux-ci sont au nombre de quatre. Tout d'abord, il faut que les sections locales bénéficient d'une large autonomie de façon à neutraliser les purs effets de croissance organisationnelle. Ensuite, il faut qu'existent des réseaux de relations informelles au sein de l'organisation, de manière à préserver les relations primaires entre les membres. En troisième lieu, il faut que soient réunies les conditions permettant l'affrontement ouvert des points de vue. L'opposition interne doit être considérée comme légitime et ne doit pas avoir à se réfugier dans la formation de cliques manoeuvrant en coulisses.

Enfin, il faut que les menaces externes pesant sur l'organisation soient faibles (*ibid.*, p. 465-469). Observons toutefois qu'il s'agit en l'occurrence de conditions pouvant atténuer le caractère oligarchique de la direction ou retarder le processus d'oligarchisation mais ne garantissant en aucune façon son élimination. Il ne s'agit donc pas d'une loi et encore moins d'une « loi d'airain », expression qui fleure le XIXe siècle scientiste. Mais nous avons bien affaire à une tendance d'autant plus générale qu'elle ne se manifeste pas seulement sous les formes repérées par Robert Michels dans les partis sociaux-démocrates. Même si l'on n'est pas toujours d'accord sur le jeu exact des variables qui enclenchent le processus, on peut accorder à l'oligarchisation un caractère prédicteur extrêmement fort pour autant qu'on se situe à un niveau de généralité approprié et qu'on ne s'efforce pas de prédire l'une ou l'autre séquence dans toute sa singularité. Le processus d'oligarchisation pris dans sa globalité s'accorde d'ailleurs assez bien avec une approche de type individualiste.

Les théoriciens des élites d'après Raymond Aron

Les théoriciens modernes des *élites* ou des *oligarchies*, G. Mosca, V. Pareto, R. Michels sont, pour une part, les descendants légitimes de la philosophie politique classique. Mais ils sont, en même temps, critiques de la démocratie parlementaire et de l'utopie socialiste. Les philosophes de la politique n'ont jamais mis en doute l'inégalité des hommes en capacité intellectuelle, l'inégalité des citoyens en richesse ou en puissance. Le problème, à leurs yeux, n'était pas d'effacer ces inégalités, naturelles ou sociales, mais d'assurer l'accession des plus dignes aux postes de responsabilité en même temps que d'établir des relations réciproques, d'autorité et d'obéissance, de bienveillance et de confiance entre gouvernants et gouvernés. Machiavel avait suggéré que ces relations n'étaient pas toujours ce que, d'après les moralistes, elles devraient être et que les moyens les plus couramment employés par les gouvernants, la force et la ruse (les lions et les renards), sont blâmables et nécessaires. Mais abstraction faite du pessimisme de Machiavel, la conception classique risquait de sembler cynique dès lors qu'elle était utilisée contre l'idéologie démocratique ou socialiste. Dire que tous les partis, y compris ceux qui se réclament de la démocratie et qui se soumettent à une constitution démocratique, sont en fait dirigés par un petit nombre d'hommes, par un état-major plus ou moins permanent, c'est retrouver la loi d'airain de l'oligarchie, loi qui n'apparaît décevante ou scandaleuse qu'aux démocrates portés à croire que le pouvoir *du* peuple est exercé *par* le peuple.

Raymond Aron, « Classe sociale, classe politique, classe dirigeante »,
Archives européennes de sociologie, vol. I, 1960, p. 265-266.

On y retrouve en effet l'opposition élite-masse, avec les caractéristiques spécifiques de ces deux catégories antithétiques. Face à une minorité disposant des leviers de commande dans l'organisation, la placidité relative du membre de base apparaît comme une forme de comportement rationnel lorsque la majorité des membres constituent une masse importante et faiblement structurée.

Eugène Dupréel et la structure en quadrillé

Au plan de la société globale, la tendance à l'oligarchisation peut se situer dans le cadre de la « structure en quadrillé » décrite par le sociologue belge Eugène Dupréel (1879-1967). Pour ce dernier, toute société développée peut être schématisée sous forme « de figures oblongues, verticales et parallèles » représentant des domaines d'activité tandis que « d'autres figures allongées, sortes de bandes ou de rubans traversant horizontalement les premières » représentent des classes ou des niveaux de statuts (Dupréel, 1948, p. 125). Henri Janne (1908-1991) s'est servi de cette représentation en quadrillé pour décrire ce qu'il a qualifié de processus de « verticalisation » des organisations ouvrières. Selon lui, des organisations de classe, horizontales au départ, sécrètent des élites aptes à négocier avec les représentants d'autres catégories sociales. Ceci donne lieu à une verticalisation de l'organisation en ce sens que les élites en question s'élèvent dans l'échelle sociale et acquièrent leur point de vue propre (Janne, 1960 ; 1968). Il s'agit bien d'un cas de figure du phénomène d'oligarchisation. Ceci peut se traduire en termes de relations interpersonnelles. Étant donné cet entrecroisement de secteurs fonctionnels verticaux et de couches sociales horizontales, on a en effet toutes les raisons de penser que l'interdépendance des relations s'organise de façon de plus en plus intersectorielle à mesure qu'on s'élève dans les différentes colonnes représentant les divers secteurs de la hiérarchie sociale et que s'élargit le champ des tâches de coordination. En d'autres termes, l'interdépendance ou, selon Dupréel, la complémentarité des relations interindividuelles – c'est-à-dire leur conditionnement réciproque – déborde de plus en plus les domaines d'activité spécifiques à mesure qu'on s'élève dans leurs hiérarchies respectives. Ainsi se trouve créée une des conditions psychosociales de la différenciation entre élite et masse.

L'élite gouvernementale

Nul n'est plus clair que Pareto sur l'impossibilité de concevoir une société organisée plus ou moins stable sans une élite dirigeante. Dans le *Traité de sociologie générale*, il écrit ceci : « Il existe partout une classe gouvernante, même là où il y a un despote ; mais les formes sous lesquelles elle apparaît sont diverses. Dans les gouvernements absolus, seul un souverain paraît en scène ; dans les gouvernements démocratiques, c'est un parlement. Mais dans la coulisse se trouvent ceux qui jouent un rôle important au gouvernement effectif » (Pareto, 1916, § 2253). Et la suite de l'argumentation montre bien que Pareto englobe dans cette « classe gouvernante » une élite gouvernementale et une élite non gouvernementale qui lui est étroitement associée : « La classe gouvernante n'est pas homogène. Elle-même a un gouvernement et une classe plus restreinte ou un chef, un comité qui effectivement et pratiquement prédominent » (*ibid.*, § 2254).

Pareto : les résidus et les dérivations

Pour comprendre le rôle que Pareto assigne à l'élite gouvernementale et la relation qu'il établit entre l'élite et le reste de la population, il est indispensable d'évoquer brièvement sa conception de l'équilibre social comme résultante d'actions logiques et non logiques. Au fondement des actions humaines, il y a selon Pareto un certain nombre de constantes qui s'actualisent sous des formes diverses mais qui se retrouvent dans toutes les sociétés : ce sont les « résidus », c'est-à-dire « ce qui reste » quand on a éliminé tout ce qui est superficiel ou conjoncturel. Ces résidus qui peuvent être classés en six classes sont l'expression de sentiments propres à la nature humaine ; les classes de résidus sont au fond des « familles de sentiments ». Pour ce qui concerne le rôle de l'élite dirigeante, les deux premières classes de résidus sont les plus pertinentes. Il s'agit de « l'instinct des combinaisons » et de la « persistance des agrégats ». On veut « faire quelque chose » et dans toute action quelque peu élaborée se fait sentir la nécessité de « combiner certaines choses et certains actes ». L'inventivité humaine se manifeste dans cette aptitude à combiner : « on pourrait essayer tous les jours une nouvelle combinaison ». Et « les combinaisons réellement efficaces, comme serait le fait d'allumer le feu avec le silex, poussent l'homme à croire aussi à l'efficacité de combinaisons imaginaires ». Ainsi se créent des « agrégats » d'objets matériels et de comportements. À tort ou à raison, certaines de ces combinaisons ou agrégats paraissent d'efficacité supérieure à d'autres. L'une d'entre elles peut même dominer ou devenir exclusive : « elle persiste dans le temps » (Pareto, 1916, § 864). La vie sociale organisée est donc dominée par un double mouvement : une recherche sans cesse renouvelée de « combinaisons » ou « agrégats » efficaces ou jugés tels et une tendance à vouloir s'en tenir aux combinaisons dont on croit avoir éprouvé l'efficacité, d'où résulte une « persistance d'agrégats ». Les résidus parétiens commandent des actions « non logiques » en ce sens qu'elles sont dominées par une logique de sentiments (Aron, 1968, p. XVII). Qu'elles soient « non logiques » ne signifie pas qu'elles soient illogiques ou irrationnelles ; elles peuvent être logiquement – ou rationnellement – conçues et exécutées, mais elles dérivent d'affirmations de valeurs ne pouvant faire l'objet d'aucune procédure de vérification. Un facteur décisif de l'équilibre social est la proportion des résidus de la première classe (instinct des combinaisons) et de la deuxième classe (persistance des agrégats) qu'on trouve dans l'élite dirigeante et dans les masses. Comme le note Raymond Aron, « la première classe permet l'invention, la deuxième fonde la conservation » (*ibid.*, p. XX). Les sociétés doivent s'assurer une certaine stabilité et ceci favorise la « persistance des agrégats ». Mais la volonté de préserver les agrégats ayant fait leurs preuves peut conduire à réprimer « l'instinct des combinaisons », c'est-à-dire à refouler l'innovation. Dans ses rapports avec la masse, l'élite peut se montrer plus ou moins ouverte au changement, plus ou moins conservatrice ; en d'autres termes, elle peut être caractérisée par une prédominance de la première classe ou de la deuxième classe de résidus.

Raymond Aron et les dérivations selon Pareto

Les dérivations sont les éléments variables de l'ensemble constitué par la conduite humaine et son accompagnement verbal. Elles sont, dans le langage de Pareto, l'équivalent de ce que l'on appelle d'ordinaire idéologie ou théorie justificative. Ce sont les moyens divers, d'ordre verbal, par lesquels les individus et les groupes donnent une logique apparente à ce qui en vérité n'en a pas, ou pas autant que les acteurs voudraient le faire croire.

L'étude des dérivations dans le *Traité de sociologie générale* comporte plusieurs aspects. On peut, en effet, examiner les manifestations verbales des acteurs par rapport à la logique, et montrer quand et comment elles s'en écartent. On peut, d'autre part, confronter les dérivations avec la réalité expérimentale pour marquer la distance avec la représentation que les acteurs donnent du monde et le monde tel qu'il est effectivement [...].

Si on écoute un orateur de réunion publique qui affirme que la morale universelle interdit d'exécuter un condamné à mort, on peut étudier son discours par rapport à la logique et voir dans quelle mesure les propositions enchaînées se suivent de manière nécessaire ; on peut confronter ce discours, c'est-à-dire l'idéologie de la morale universelle, avec le monde tel qu'il est ; enfin, on peut écouter l'orateur et se demander pourquoi ses propos ont une valeur persuasive sur ses auditeurs. L'étude sociologique cherche comment les hommes utilisent des procédés psychologiques, logiques ou pseudo-logiques, afin d'entraîner d'autres hommes.

Raymond Aron, *Les Étapes de la pensée sociologique*, Paris, Gallimard, coll. "Tel", 1991, p. 444 (Ie éd., 1967).

Si les résidus sont les constantes de l'esprit humain, il s'accompagnent de « dérivations », beaucoup plus variables, qui visent à expliquer et à justifier les actions dominées par les résidus ou à en démontrer le bien-fondé (Pareto, 1916, § 845). Il s'agit d'un travail de l'esprit visant à persuader – ou à se persuader – qu'une action non-logique est bel et bien une action logique, commandée par la raison et non par « une logique de sentiments » c'est-à-dire par une échelle de valeurs. C'est en fait l'élément symbolique – idéologique, philosophique ou religieux – de tout système d'action. On trouvera des dérivations, écrit Pareto, « chaque fois qu'on fixera son attention sur les façons dont les hommes tâchent de dissimuler, de changer, d'expliquer les caractères qu'ont en réalité certaines de leurs manières d'agir » (*ibid.*, § 1397). Si l'élite dirigeante peut être caractérisée par sa propension à agir en fonction de l'un ou l'autre résidu, elle justifie ses actions par des dérivations. En effet, « les hommes se laissent persuader surtout par les sentiments (résidus) ; par conséquent, nous pouvons prévoir, ce qui d'ailleurs est confirmé par l'expérience, que les dérivations tireront leur force, non pas de considérations logico-expérimentales, ou du moins pas exclusivement de ces considérations, mais bien des sentiments » (*ibid.*), ce qui a pour conséquence que celui qui a pour but « de pousser les hommes à agir d'une certaine manière, doit nécessairement recourir aux dérivations, puisqu'elles constituent le langage au moyen duquel on parvient jusqu'aux sentiments des hommes… » (*ibid.*, § 1403).

Comme les résidus, les dérivations peuvent être classées ; Pareto distingue, à cet égard, les affirmations plus ou moins élaborées, le recours à l'argument d'autorité, la présentation de théories ayant une ressemblance avec des théories scientifiques et des raisonnements appuyés sur des preuves purement verbales (*ibid.*, § 1419). Une élite dirigeante se distinguera par les dérivations dont elle se servira pour assurer son autorité. Tant que les dérivations utilisées restent convaincantes, elle bénéficie d'un pouvoir légitime. Mais les dérivations considérées comme acceptables à un moment de l'histoire sont révélatrices de l'état général d'une société autant que des caractéristiques de son élite dirigeante. Comme le suggère Pareto, « les dérivations constituent les matériaux employés par tout le monde » mais il y a lieu de leur donner « la valeur de manifestations et d'indices d'autres forces, qui agissent en réalité dans la détermination de l'équilibre social » (*ibid.*, § 1403).

Mosca : la classe politique

Sur tout ceci, les conceptions de Gaetano Mosca (1858-1941) rejoignent celles de Pareto, en dépit de tout ce qui a pu séparer ces deux auteurs. La polémique qui les opposa en 1907 met elle-même en évidence leur parenté de pensée puisqu'elle porta essentiellement sur la primauté de l'un ou de l'autre dans l'élaboration théorique relative à l'élite gouvernementale (Albertoni, 1987, p. 35 ; Aron, 1967, 1991, p. 463). Pour Mosca, dans n'importe quelle société organisée, ceux qui gouvernent ne sont qu'une minorité, quelle que soit la forme précise du gouvernement et quel que soit le principe au nom duquel celui-ci exerce son pouvoir. La majorité de la population – les gouvernés – ne participe d'aucune façon à la gestion des affaires publiques. Tous les régimes sont en fait des oligarchies au sein desquelles une minorité organisée et active impose sa volonté à la majorité. Cette minorité constitue la *classe dirigeante* qui rassemble les individus assumant des fonctions de direction dans les principaux secteurs d'activité. La *classe politique* est une partie de la classe dirigeante : c'est celle qui exerce directement des fonctions publiques. Cette classe politique correspond plus ou moins à la classe gouvernementale chez Pareto. Les caractéristiques qui donnent accès à cette classe politique varient selon les sociétés et selon les époques : il peut s'agir de la valeur militaire, de la naissance, de la richesse ou du mérite personnel. Il importe toutefois de bien comprendre que ces caractéristiques – isolées ou combinées – ne peuvent suffire à asseoir durablement l'autorité des gouvernants. Il faut en plus que la minorité dirigeante soit organisée. C'est l'organisation qui fait la force des dirigeants, face aux masses inorganisées (Bobbio, 1972, p. 18 ; Valade, 1996, p. 421-426). Sur ce point, Mosca anticipe les conclusions de Michels qui se réclame de ses travaux. Le fait de l'organisation crée les conditions de l'oligarchisation et assure la continuité de l'oligarchie, une fois celle-ci constituée. La continuité implique néanmoins une forme de légitimation. À cet égard, Pareto et Mosca se situent dans la même perspective. Leur idée commune est qu'il importe de distinguer entre les traits apparents d'un régime et ses caractéristiques réelles. Chez Mosca, cette idée conduit à une critique de la classification aristotélicienne des régimes politiques. Pour lui, le pouvoir appartient à une minorité mais il est réparti entre « une série de sujets plus nombreux que ceux qui apparaissent comme symboles de tout régime » car « sous n'importe quel régime, dans n'importe quel pays, il faut une machine gouvernementale [...] à travers laquelle toute l'action du gouvernement se déploie » (Albertoni, 1987, p. 52-53). Pour Pareto, cette distinction entre le superficiel et le fondamental prend la forme d'une opposition entre les « résidus » dominant chez les gouvernants et les « dérivations » qui leur permettent de faire accepter ces résidus par les gouvernés. On a pu faire observer à ce sujet que c'est le croisement de la théorie des résidus avec celle de l'élite qui fait l'originalité de Pareto (Valade, 1990, p. 289).

La notion de « formule politique »

Pour Mosca, c'est « l'aptitude à diriger » qui préside à la formation de la classe politique. Cette aptitude « consiste dans un certain nombre de qualités personnelles qui, à une certaine époque et dans un peuple déterminé, sont les plus indiquées pour exercer cette direction » ; il faut y ajouter « la volonté de dominer et la conscience de posséder les qualités requises » (Mosca, 1955, p. 328-329). Néanmoins, la justification présentée de la position dominante ne se situe jamais purement et simplement dans l'affirmation d'une aptitude ou d'un droit à gouverner. Il y a toujours ce qu'on serait tenté d'appeler une couverture idéologique ; c'est ce que Mosca, dès 1884, appelle la *formule politique*. On entend par là, écrit-il « le fait que, dans tous les pays arrivés à un degré même médiocre de culture, la classe dirigeante justifie son pouvoir en le fondant sur une croyance ou sur un sentiment qui, à cette époque et dans un peuple déterminé, sont généralement acceptés (*ibid.*, p. 321). Selon les régimes et selon les époques, il pourra s'agir de la volonté divine, de la volonté du peuple, de la fidélité à une communauté nationale ou encore de la confiance en une dynastie ou dans un individu auquel sont attribuées des qualités exceptionnelles (*ibid.*, p. 321-322). Pour être efficace, la formule politique « doit correspondre à la conception du monde qui est, à un certain moment, celle du peuple considéré » ; de cette façon, elle constitue « le lien moral entre tous les individus qui en font partie » (*ibid.*, p. 322). Elle n'est donc pas seulement un « instrument de légitimation » ; elle peut être le « lien commun de sentiments et de valeurs entre les gouvernants et les gouvernés » (Albertoni, 1987, p. 43). C'est donc, comme le note Valade, « la base juridique et morale sur laquelle, dans toute société, est fondé le pouvoir de la classe dominante » (Valade, 1990, p. 287). À une formule politique correspond toujours un *mécanisme politique* grâce auquel les principes exprimés par la formule peuvent se traduire dans la pratique (Albertoni,

1987, p. 61). Ce mécanisme c'est l'État. C'est pourquoi, lorsqu'une population cesse d'avoir foi dans les principes qui fondent la formule politique du moment, des changements affectant la classe politique sont imminents. « La grande Révolution Française éclata lorsque l'immense majorité des Français cessa de croire au droit divin des rois ; la Révolution Russe éclata lorsque la presque totalité des intellectuels et peut-être aussi la majorité des ouvriers et des paysans russes cessèrent de croire que le Tsar avait reçu de Dieu la mission de gouverner autocratiquement la Sainte Russie » (*ibid.*). Mosca distingue deux types de formules politiques. Les unes ont un fondement métaphysique ; les autres se réfèrent à un principe qui peut faire l'objet d'une délibération rationnelle. Les régimes se proclamant de droit divin mettent en œuvre une formule politique de la première catégorie. Ceux qui prétendent à un mandat populaire se fondent sur une formule de la deuxième catégorie. Cette distinction se combine avec différents types d'organisation politique. Mosca se réfère à ce propos au type féodal, au type bureaucratique et à celui de l'État-cité, grec ou médiéval. Dans son esprit, le principe universel-bureaucratique supplante peu à peu le principe personnel-féodal dans le cours de l'histoire. Mosca est ainsi conduit à des raisonnements qui s'apparentent fortement aux distinctions weberiennes portant sur les fondements de la légitimité : légitimité traditionnelle, légitimité charismatique ou légitimité légale-rationnelle. Pour Mosca comme pour Weber, la rationalité légale est la source du pouvoir à l'époque moderne (Valade, 1996, p. 424-425).

Ce qui sépare Pareto de Mosca c'est le cadre général de l'analyse. Mosca se centre sur l'examen des mécanismes institutionnels liés au fonctionnement de l'État. Et c'est cette préoccupation qui domine son *Histoire des doctrines politiques*. Pareto se situe lui dans un cadre social et économique plus général et il entend donner à ses conclusions sur les élites une portée plus large, assurée par la théorie des résidus. Comme le note Norberto Bobbio, la préoccupation majeure de Pareto était d'aboutir à une théorie de l'équilibre social analogue à la théorie de l'équilibre économique à laquelle il s'était intéressé antérieurement (Bobbio, 1972, p. 77). Ce n'est donc pas par hasard si la « querelle de préséance » qui opposa Mosca et Pareto prit la forme d'une priorité à accorder à la « théorie de l'élite » ou à celle de la « formule politique » (Albertoni, 1987, p. 155). Mais il est clair que la « formule politique » – son acceptation sans réserve ou son ébranlement – est révélatrice des rapports qui s'établissent entre la minorité gouvernante – l'élite gouvernementale, selon Pareto – et la majorité gouvernée. C'est donc à bon droit qu'on peut parler du « paradigme Mosca-Pareto » comme le fait Albertoni en s'inspirant des travaux de Field et Higley (Albertoni, 1987, p. 156).

La « formule politique » selon Gaetano Mosca

La nouvelle méthode des Études des sciences politiques tend justement à concentrer l'attention des penseurs sur la formation et l'organisation de la classe dirigeante que nous appelons généralement en Italie « classe dirigeante politique » (*classe politica*). [...] L'un des premiers résultats de la nouvelle méthode fut la notion de ce que, dès 1884, on appela la formule politique. On entend par là le fait que dans tous les pays arrivés à un degré même médiocre de culture, la classe dirigeante justifie son pouvoir en le fondant sur une croyance ou sur un sentiment qui, à cette époque et dans un peuple déterminé, sont généralement acceptés. Ces sentiments peuvent être, suivant les cas, la volonté présumée du peuple ou celle de Dieu, la conscience de former une nation distincte ou un peuple élu, la fidélité traditionnelle à une dynastie ou la confiance dans un individu doué, réellement ou en apparence, de qualités exceptionnelles.

Naturellement chaque formule politique doit être en harmonie avec le degré de maturité intellectuelle et morale du peuple et de l'époque où elle est adoptée. Par conséquent elle doit correspondre à la conception du monde qui est, à un certain moment, celle du peuple considéré et elle doit constituer le lien moral entre tous les individus qui en font partie.

Aussi quand une formule politique est en quelque sorte dépassée, quand la foi dans les principes sur lesquels elle s'appuie devient tiède, c'est le signe que de sérieuses transformations sont imminentes dans la classe dirigeante politique. La grande Révolution Française se produisit lorsque l'immense majorité des Français cessa de croire au droit divin des rois ; la Révolution Russe éclata lorsque la presque totalité des intellectuels et peut-être aussi la majorité des ouvriers et des paysans russes cessèrent de croire que le Tsar avait reçu de Dieu la mission de gouverner autocratiquement la Sainte Russie. Inversement, lorsqu'une formule politique est en harmonie avec la mentalité d'une époque et avec les sentiments les plus répandus dans un peuple, son utilité est indéniable. Car elle sert souvent à limiter l'action des gouvernants et en même temps elle ennoblit en quelque sorte l'obéissance parce que celle-ci n'est plus exclusivement le résultat d'une contrainte matérielle.

Gaetano Mosca, *Histoire des doctrines politiques depuis l'Antiquité jusqu'à nos jours*, trad. fr., Paris, Payot, 1955, p. 321-322 (1e éd. italienne, 1936).

L'élite du pouvoir

Le degré de cohésion de l'élite dirigeante est une question qui a suscité de nombreuses discussions. À l'encontre des points de vue selon lesquels l'élite dirigeante est faite de groupes divers n'ayant ni les mêmes intérêts ni la même échelle de valeurs, Charles Wright Mills a défendu l'idée que la connivence entre les différents segments de l'élite l'emporte sur tout ce qui peut les séparer. C'est l'objet de son livre *The Power Elite* (1956). Sa thèse a souvent été simplifiée au point de s'en trouver caricaturée. Mills est très conscient de la diversité des élites tout comme de la diversité des critères d'accès à l'élite. Il lui arrive même de les distinguer explicitement en évoquant « les possesseurs du pouvoir, de la richesse et de la célébrité » (Mills, 1969, p. 17). Il ne conteste en aucune façon l'existence, dans une société moderne, de secteurs d'activité différenciés ayant leurs hiérarchies propres : par exemple, l'économie, le service de l'État ou la défense nationale. Mais ce qui compte à ses yeux, c'est que ces élites sont composées d'individus occupant « des postes-clés », des « postes stratégiques » dans les « organisations essentielles » de la société (*ibid.*, p. 8). Les facteurs d'intégration lui paraissent l'emporter nettement sur les différences spécifiques et les diverses élites spécialisées forment bien une seule « élite du pouvoir ».

Charles Wright Mills
(Waco, Texas, 1916 – New York, 1962)

Sociologue américain, il a étudié la philosophie et la sociologie à l'Université du Texas. À partir de 1948, il est professeur à l'Université Columbia, à New York. Ses conceptions ont été influencées à la fois par Weber et par Marx. Il a consacré des travaux importants aux concentrations de pouvoir dans la société américaine. Il a pris position sur le mode polémique contre une certaine forme d'empirisme inspirée par les travaux de Lazarsfeld mais aussi contre la théorie générale telle que la concevait Parsons. Par ailleurs, on lui doit une mise en garde quasi prophétique contre la bureaucratisation de la recherche et un très beau texte, annexé à son livre *L'Imagination sociologique,* sur le « métier d'intellectuel ».

Travaux principaux : *White Collar* (1951), tr. fr. : *Les Cols blancs* (1966) ; *The Power Elite* (1956), trad. fr. *L'Élite du pouvoir* (1969) ; *The Sociological Imagination* (1959), trad. fr. : *L'Imagination sociologique* (1968).

Connivence dans la diversité

Cette élite du pouvoir s'appuie sur des positions institutionnelles et des capacités décisionnelles. Il s'agit de « ces cercles politiques, économiques et militaires qui, dans un ensemble complexe de coteries entrecroisées, partagent les décisions d'importance au moins nationale. » (Mills, 1969,

p. 23). L'entrecroisement des cercles dirigeants est rendu possible par une incontestable homogénéité psychosociale. Quel que soit leur secteur d'activité ou leur domaine de compétences, les individus en position dirigeante ont la même origine sociale et le même niveau d'éducation. Il en résulte un style de vie semblable, facilitant les contacts sociaux (*ibid.*, p. 19). La fréquentation des mêmes établissements d'enseignement suscite des expériences socialisatrices semblables. Certes, le cumul de fonctions exécutives dans plusieurs secteurs d'activité est relativement rare et est d'ailleurs souvent découragé par des mesures législatives en vue d'éliminer les conflits d'intérêts. Mais si la « superposition simultanée » n'est pas la règle, on observe fréquemment une « superposition séquentielle », c'est-à-dire le passage d'un secteur d'activité à l'autre pour y occuper successivement des fonctions dirigeantes de natures diverses. Mills eut son attention attirée par des carrières de ce genre, permettant à des individus en position dirigeante d'évoluer entre les carrières militaires, le monde des affaires et le service de l'État. Selon lui, le noyau de « l'élite du pouvoir » est constitué d'individus qui se déplacent d'un poste de commande dans un domaine institutionnel à un poste de niveau semblable dans un autre domaine. De cette façon, ils établissent des liens étroits entre ces différents domaines (*ibid.*, p. 288-289). Comme le rappelle Putnam, l'exemple paradigmatique à cet égard est celui du Président Eisenhower qui passa d'un poste de chef d'état-major à l'armée à la présidence de la prestigieuse Université Columbia, à New York, et de là à la magistrature suprême de l'État (Putnam, 1976, p. 110).

On a fait observer que la « superposition séquentielle » favorise la compréhension entre les membres de la couche dirigeante. Le souci de certains membres de l'élite gouvernementale de répondre aux vœux de l'élite des affaires peut être stimulé par la perspective d'une retraite agrémentée d'un poste confortable dans le monde des entreprises. Ce phénomène, familier aux observateurs américains du Pentagone, est connu en France sous le terme de « pantouflage ». On le rencontre également dans des pays aussi différents que le Japon ou la Turquie (*ibid.*, p. 111). Mills met l'accent sur ce qui lui apparaît comme l'unité fondamentale de l'élite du pouvoir américaine. Selon lui, cette unité est largement d'ordre psychosocial et résulte d'un sentiment de camaraderie qui permet aux membres de l'élite de se sentir membres d'un même milieu exclusif. « Nulle part en Amérique », écrit-il, « n'y a-t-il une "conscience de classe" aussi forte que dans l'élite » (Mills, 1969, p. 283). Pour Mills, c'est la logique de l'économie capitaliste qui favorise l'interpénétration des différentes hiérarchies institutionnelles et le brassage des élites spécialisées, créant ainsi une « élite du pouvoir » composite peut-être mais animée de préoccupations convergentes. Les intérêts des différents secteurs se rejoignent en effet. Le monde des affaires produit des armements qui font l'objet de commandes gouvernementales dans la mesure où ils correspondent aux besoins perçus par les militaires. On se trouve ainsi confronté à un véritable complexe militaro-politico-industriel d'où émergent des intérêts qui se révèlent communs (*ibid.*).

Cette solidarité de fait ne signifie pas « que les puissants sont unis, qu'ils savent exactement ce qu'ils ont à faire ». Elle ne signifie pas non plus « qu'ils se livrent à une conspiration consciente et organisée » (*ibid.*, p. 23). Et l'on cherche vainement, dans *The Power Elite*, une trace de ce « recours apparemment excessif à la notion de conspiration au sommet » (*apparently overdrawn concept of a conspiracy at the top*) dont parle Don Martindale (Martindale, 1981, p. 422). Mills affirme au contraire : « Si nous voulons à tout prix définir l'élite comme une classe fermement coordonnée qui domine continuellement et absolument, nous fermons à l'avance des perspectives qu'une définition plus modeste pourrait nous offrir. » (Mills, 1969, p. 25). Si l'élite du pouvoir n'est pas « fermement coordonnée », elle est constituée de personnes qui « partagent la même sensibilité intime », qui fréquentent les mêmes endroits, qui ont les mêmes relations. À cela s'ajoute qu'elle se compose « d'hommes d'origine et d'éducation similaires ». Il en résulte que « leur unité est favorisée par des facteurs psychologiques et sociaux, fondés sur le fait qu'ils sont d'un type social similaire » (*ibid.* p. 19-24). En bref, il s'agit des gens qui peuplent les « hautes sphères » ; ils occupent « des postes d'où ils peuvent, pour ainsi dire, regarder de haut le monde quotidien des hommes et des femmes ordinaires, et le bouleverser par leurs décisions ». Car ils sont en effet en mesure « de prendre des décisions aux conséquences capitales » (*ibid.*, p. 7-8). Leurs positions leur permettent de bénéficier d'avantages qui vont en se cumulant : « comme la richesse et le pouvoir, le prestige tend à devenir cumulatif : plus on en a, plus on peut en avoir » (*ibid.*, p. 14-15). Sur un plan institutionnel, cette relative homogénéité psychosociale se traduit par l'interchangeabilité des postes qu'ils occupent (*ibid.*, p. 24), phénomène qui a également été signalé mainte fois en France.

L'élite du pouvoir selon Charles Wright Mills

Les organisations essentielles sont probablement les grandes entreprises, car dans les conseils d'administration les membres des diverses élites sont intimement mêlés. Sur le plan superficiel, nous retrouvons ce fait dans les villégiatures d'été et d'hiver, sous forme d'une série de cercles qui se recoupent de façon complexe ; peu à peu tout le monde finit par rencontrer tout le monde, ou par connaître quelqu'un qui connaît quelqu'un qui connaît la personne en question.

Les grands membres des ordres militaire, économique et politique adoptent volontiers le point de vue de leurs égaux, toujours avec sympathie, et souvent avec finesse. Ils se définissent réciproquement comme faisant partie des gens qui comptent et dont il faut par conséquent tenir compte. Chacun d'eux, en tant que membre de l'élite, finit par incorporer à son intégrité, à son honneur et à sa conscience le point de vue, les désirs et les valeurs des autres. S'il n'y a pas entre eux une communauté d'idéaux et de critères moraux fondée sur une culture aristocratique explicite, cela ne veut pas dire qu'ils n'éprouvent aucun sentiment de responsabilité les uns vis-à-vis des autres.

La coïncidence structurale de leurs intérêts, comme les faits psychologiques complexes concernant leur origine et leur instruction, leur carrière et leur fréquentations créent les affinités psychologiques qui existent entre eux, affinités qui leur permettent de dire les uns des autres : « Bien entendu, il est des nôtres. » Et tout cela est la preuve d'une conscience de classe dans son sens psychologique fondamental. Il n'existe nulle part en Amérique de « conscience de classe » aussi claire que celle de l'élite du pouvoir ; nulle part elle n'est organisée de façon aussi efficace.

Charles Wright Mills, *L'Élite du pouvoir*, trad. fr., Paris, Maspero, 1969, p. 290 (Ie éd. américaine, 1956).

Réserves et critiques

La théorie de « l'élite du pouvoir » a fait l'objet de réserves portant sur son domaine de validité. Comme le note Putnam, le mode d'intégration de l'élite décrit par Mills implique des canaux de recrutement assez souples, facilitant les passages d'un secteur d'activité à l'autre. Les carrières intersectorielles sont plus fréquentes aux États-Unis qu'ailleurs. En Grande-Bretagne, par exemple, l'intégration de l'élite se fait d'une autre manière. C'est au sein de chaque secteur institutionnel – la politique, l'administration publique, les affaires, l'Université, etc. – que la cohésion est renforcée par un long apprentissage fait de concert. En conséquence, les membres d'un gouvernement fraîchement constitué en Grande-Bretagne se connaissent déjà ; aux États-Unis au contraire, ils doivent fréquemment se présenter les uns aux autres ainsi qu'au Président. En général, « l'expérience professionnelle des membres de l'Exécutif américain les familiarise davantage avec la population ainsi qu'avec les problèmes qu'on rencontre au sommet des autres institutions, mais au prix de liens moins forts entre eux » (Putnam, 1976, p. 110-111). La théorie de Mills n'a cependant pas de prétention universelle même si – à un certain degré d'abstraction – elle a une portée universelle. Mills se réfère explicitement à la société américaine, dans une certaine phase de son développement historique, marquée par une centralisation du pouvoir et par une conjonction des pouvoirs économique, politique et militaire. D'autres institutions – religieuses, universitaires, familiales – semblent « en marge de l'histoire moderne » et ont cessé d'être « des centres autonomes du pouvoir national » (Mills, 1969, p. 10). L'économie américaine, « jadis composée d'un semis de petites unités » en est arrivé à être dominée par « deux ou trois cents entreprises géantes ». L'ordre politique, « jadis composé de quelques douzaines d'États décentralisés » s'est transformé en « un appareil exécutif centralisé ». L'ordre militaire, « jadis administration peu importante » est devenu « le secteur le plus vaste et le plus coûteux du gouvernement » (*ibid.*, p. 11). Cette évolution doit se comprendre dans le contexte d'une société qui n'a pas connu d'époque féodale. L'élite américaine moderne fut d'emblée une élite bourgeoise. La vitesse de développement du capitalisme n'a pas permis la constitution aux États-Unis « d'une noblesse héréditaire durable ». Il n'y eut donc pas de « classe dominante fixe » capable de « résister à la poussée historique du commerce et de l'industrie » (*ibid.*, p. 16-17).

D'autres théoriciens mettent davantage en évidence l'autonomie du politique. Alain Touraine se montre ainsi critique à l'égard de la notion d'élite du pouvoir en quoi il voit « la fusion de la classe dirigeante et des responsables politiques ». Une telle fusion, admise par la théorie marxiste classique, lui paraît rendue impossible par « l'institutionnalisation des conflits sociaux » qui confirme l'autonomie du jeu politique (Touraine, 1973, p. 247-254). Sans doute, estime-t-il, « toute décision politique est prédéterminée et limité par la nature de la domination de classe ». Ainsi, un conseil municipal qui entend prendre une décision en matière de rénovation urbaine, ne peut le faire « que dans le cadre du régime de la propriété et en tenant compte, plus concrètement encore, d'intérêts économiques sur lesquels il n'a que des moyens d'action limités » (*ibid.*, p. 217). Il n'en reste pas moins qu'il « n'existe pas de transformation directe de la domination sociale en pouvoir politique » (*ibid.*, p. 218-219).

L'intégration comme phénomène spécifique

On a également fait remarquer que l'intégration de l'élite ne se ramène ni à l'homogénéité sociale ni à la convergence des intérêts. Selon Putnam, cette intégration est une variable qui dépend du degré d'accord sur les options et les procédures politiques. Plusieurs logiques qui s'entrecroisent et se combinent peuvent être distinguées à cet égard : une logique consensuelle, une logique compétitive et une logique coalescente (Putnam, 1976, p. 115 et sv.). Dans les sociétés pluralistes occidentales, on note généralement un degré élevé de consensus sur les règles du jeu politique, impliquant l'aptitude à la négociation et au compromis, la tolérance à l'égard des opposants politiques ainsi que la volonté de se soumettre aux décisions électorales et parlementaires. L'acceptation du système et de ses procédures semble plus élevée parmi les membres de l'élite que dans le reste de la population. Ceci, semble-t-il, est imputable pour une large part au niveau d'éducation. Mais l'adhésion au système, chez les membres de l'élite, dépend aussi des gratifications que le système leur offre. Les membres de l'élite dirigeante acceptent généralement les « règles du jeu » sans réticences parce qu'il s'agit fondamentalement de « leur jeu » (Parry, 1969, p. 91). L'adhésion aux procédures établies n'empêche cependant pas les désaccords sur le fond.

En termes de préférences politiques, les élites occidentales sont généralement plus compétitives que consensuelles. Dans le monde occidental, les membres de la « classe politique » sont avant tout des hommes de parti et ceux-ci sont beaucoup plus sensibles aux différences idéologiques que l'électeur ordinaire. Il n'empêche que lorsque des sociétés sont divisées en camps antagonistes, ce sont toujours des membres de l'élite qui s'emploient à trouver des solutions de compromis acceptables par les parties en présence. On assiste alors à un processus de coalescence ou de fusion des différents segments de l'élite dirigeante. Les Pays-Bas, longtemps divisés du haut en bas de l'échelle sociale en familles idéologiques et religieuses selon le principe des *zuilen* ou « piliers », ont pu ainsi maintenir un climat de paix civile grâce à des formules de coexistence conduisant graduellement à une fusion des élites. L'Autriche qui avait été déchirée en deux camps armés hostiles dans les années 1930 et avait traversé une période de guerre civile avant l'*Anschluss* hitlérien de 1938, connut un tel processus de coalescence des élites dans les années qui suivirent la Deuxième Guerre mondiale. Le résultat en fut une « grande coalition » rassemblant les « Rouges » et les « Noirs ». En dépit de l'animosité subsistant entre leurs bases respectives, les dirigeants nationaux des deux grands partis mirent au point les règles d'un système de clientélisme très minutieux et imposèrent une sorte de « cartel des élites » (Putnam, 1976, p. 119).

D'une manière générale donc, c'est aux niveaux supérieurs de l'élite dirigeante qu'on observe la plus grande propension au compromis politique. Giuseppe Di Palma va jusqu'à présenter cela comme « une loi sociologique générale » et suggère que « le rôle organisationnel de ces individus tend à les confronter aux intérêts des différents groupes au sein de la société. Leur base politique est plus hétérogène que celle des membres des échelons inférieurs de la classe politique. Ils tendent dès lors à accorder plus d'attention aux règles qui ont pour effet de modérer l'esprit partisan, de mettre en évidence l'autonomie et la compétence de l'élite et de rendre ainsi possible la prise en compte des différents intérêts en présence » (Di Palma, 1973, p. 15). Notons toutefois que cette interprétation peut très bien se combiner avec la thèse d'une connivence fondée sur l'homogénéité psychosociale.

Les élites et la démocratie

Aux yeux de nombreux contemporains, la notion même d'élite paraît s'opposer à l'idée de démocratie et cela contribue à susciter la méfiance à l'égard de toute théorie des élites. Il est vrai que la démocratie définie comme « le gouvernement du peuple, pour le peuple et par le peuple » selon la formule avancée par le Président Lincoln dans la Déclaration de Gettysburg, offre peu de place à une quelconque élite gouvernementale. Mais plusieurs auteurs – et notamment Joseph Schumpeter (1883-1950) – se sont appliqués à distinguer la démocratie comme idéal et la démocratie comme réalité institutionnelle.

Joseph Aloïs Schumpeter
(Třešt, Moravie, 1883 – Salisbury, Connecticut, 1950)

Économiste et sociologue autrichien. Après des études à l'Université de Vienne, il est brièvement ministre des finances de la jeune république autrichienne (1919-1920). Il dirige par la suite une banque viennoise. De 1925 à 1937, il est professeur à l'Université de Bonn. Avant la Seconde Guerre mondiale, il émigre aux États-Unis et enseigne à l'Université de Harvard. Il a subi l'influence de Walras en économie mais s'est fortement intéressé également aux travaux de Marx, Weber et Sombart. La logique économique du capitalisme lui paraît fondée sur le profit par l'innovation, définie comme une combinaison nouvelle des facteurs de production. Il s'est préoccupé du fonctionnement des institutions démocratiques et a développé à cet égard une théorie qui s'écarte des conceptions classiques.

Travaux principaux : *Theorie der Wirtschaftlichen Entwicklung* (1912), tr. fr. : *Théorie de l'évolution économique* (1935) ; *Capitalism, Socialism and Democracy* (1942), tr. fr. : *Capitalisme, socialisme et démocratie* (1951) ; *History of Economic Analysis* (1953), tr. fr. : *Histoire de l'analyse économique* (1983).

La démocratie comme technique institutionnelle

Pour Schumpeter, il existe une forme démocratique de gouvernement qu'on peut assimiler à une « technique institutionnelle de gestation des décisions politiques ». Celle-ci est censée aboutir au bien commun « en chargeant le peuple lui-même de faire pencher le plateau de la balance en élisant des individus qui se réunissent ensuite pour accomplir sa volonté » (Schumpeter, 1951, p. 377-378). Cette conception émergeant de la doctrine classique élaborée au XVIIIe siècle implique toutefois qu'il existe un « bien commun » identifiable de manière univoque et qu'une « volonté commune du peuple » puisse le faire aboutir. À ces conditions, le fonctionnement d'institutions démocratiques ne semble à première vue nullement incompatible avec le principe de la délégation de pouvoirs ou avec l'intervention d'élites bénéficiant d'aptitudes particulières. En effet, de tels « spécialistes » peuvent n'agir qu'en vue « d'accomplir la volonté du peuple tout comme un médecin agit aux fins d'accomplir la volonté du patient qui est de bien se porter » (*ibid.*, p. 378). Mais l'exemple même du médecin et de la relation patient-médecin suggère que les relations entre une population et ses représentants ne se laissent pas réduire à une simple délégation de pouvoirs. Tout d'abord, observe Schumpeter, on ne peut espérer obtenir l'assentiment général sur une « entité » qualifiée de « bien commun », non pas tellement parce qu'on peut « désirer autre chose que le bien commun » mais surtout parce que « le bien commun doit nécessairement signifier des choses différentes pour des individus et groupes différents ». Ensuite, même si un bien commun « acceptable pour tous » pouvait être défini sur un plan très général, il n'en subsisterait pas moins des « divergences d'opinion » sur des problèmes d'application spécifiques. Enfin, en l'absence d'un bien commun pouvant être établi par délibération rationnelle, la « volonté générale » perd toute réalité face aux conflits de valeurs (*ibid.*, p. 379-380).

Une théorie alternative de la démocratie

La doctrine classique subordonne le choix des représentants à l'objectif primordial de l'organisation démocratique qui consisterait à investir le corps électoral du pouvoir de statuer sur les problèmes politiques pendants. Mais supposons que, renversant l'ordre de ces éléments, nous subordonnions le règlement par le corps électoral des questions pendantes à l'élection des hommes chargés d'exécuter les volontés des électeurs. En d'autres termes, nous admettons désormais que le rôle du peuple consiste à accoucher d'un gouvernement ou, alternativement, d'un organisme intermédiaire qui, à son tour, accouchera d'un pouvoir exécutif national, c'est-à-dire d'un gouvernement. Et nous arrivons à notre définition : la méthode démocratique est le système institutionnel, aboutissant à des décisions politiques, dans lequel des individus acquièrent le pouvoir de statuer sur ces décisions à l'issue d'une lutte concurrentielle portant sur les votes du peuple.

Joseph Schumpeter, *Capitalisme, socialisme et démocratie*, trad. fr., Paris, Payot, 1951, p. 403 (1e éd. américaine, 1942)

Ces difficultés, estime Schumpeter, ne doivent nous conduire ni à rejeter l'idéal démocratique ni à renoncer à proposer une nouvelle théorie de la démocratie. Au lieu de prendre appui sur une « volonté générale » qui ne peut avoir qu'une signification métaphorique, il faut renverser l'ordre des composantes de l'ordre démocratique et partir du processus électoral. Un régime démocratique est alors une forme de gouvernement où le règlement des « questions pendantes » est subordonné « à l'élection des hommes chargés d'exécuter les volontés des électeurs ». En conséquence, « le rôle du peuple consiste à accoucher d'un gouvernement » et la démocratie se définit comme un système « aboutissant à des décisions politiques, dans lequel des individus acquièrent le pouvoir de statuer sur ces décisions à l'issue d'une lutte concurrentielle portant sur les votes du peuple » (*ibid.*, p. 403). C'est ce critère de lutte concurrentielle qui permet de faire coexister élites et démocratie. On ne trouve nulle part de gouvernement « par le peuple » ; quels que soient l'époque et le régime, les fonctions gouvernementales sont assumées par une minorité qui se distingue de la masse de la population. Mais il est raisonnable de qualifier de démocratique les régimes organisés de façon à permettre la concurrence pacifique des élites en vue de l'exercice du pouvoir. Et c'est lorsque les traditions, les habitudes acquises et les mécanismes institutionnels garantissent une concurrence qui ne soient pas trop imparfaite qu'on peut sans contradiction dans les termes parler d'élites démocratiques. Pour Schumpeter, il y a donc équivalence entre démocratie et pluralisme politique (Busino, 1988*c*, p. 103.) Cette conception de la démocratie fondée sur « des libres candidatures en compétition pour des votes libres » (Schumpeter, 1951, p. 405) ne saurait éluder la question des types de candidatures qui se soumettent à la sélection électorale. Ce sont en effet les caractéristiques de l'élite gouvernementale qui en dépendent en fin de compte.

Une des conditions du succès du mode de sélection pluraliste semble être l'existence d'une sorte de vivier de candidats prometteurs : « l'existence d'une "strate" sociale elle-même formée par un processus de sélection sévère, dont les éléments s'orientent tout naturellement vers la politique » (*ibid.*, p. 395). Dans cette conception, c'est donc une certaine combinaison de sélection et de compétition qui assure tant bien que mal la viabilité du système. Conformément au principe des « aristocraties ouvertes » cher à Tocqueville, une telle catégorie de recrutement ne devrait être « ni trop exclusive ni trop accueillante aux nouveaux venus » (*ibid.*, p. 395). Les procédures électorales n'opèrent pas une sélection dans l'ensemble de la population mais seulement parmi les individus qui manifestent leur disponibilité et qui acceptent de se soumettre au verdict populaire. Dès lors, comme le fit également remarquer Pareto, certains individus possédant d'indéniables aptitudes à gouverner n'ont pas nécessairement les aptitudes requises pour affronter victorieusement le processus électoral. Une sorte d'anti-sélection peut ainsi se produire : « le processus démocratique risque facilement de créer dans le secteur politique des conditions qui, une fois établies, écarteront la plupart des hommes capables de réussir dans une autre profession. » (*ibid.*, p. 395). Pour Schumpeter, un jugement nuancé est de mise à cet égard : « Les qualités d'intelligence et de caractère qui font un bon candidat ne sont pas forcément celles qui font un bon administrateur ». Ceci dit, on peut considérer que le « succès politique » indique une certaine maîtrise du « maniement des hommes ». En outre, l'aptitude à conquérir une position politique éminente est l'indice d'une certaine « énergie personnelle » qui peut rendre des services » (*ibid.*, p. 392-393).

Ceci semblerait indiquer, contrairement à des préjugés répandus, que les régimes fondés sur la compétition électorale arrivent à se doter d'élites politiques qui ne sont ni meilleures ni pires que celles qui se révèlent dans d'autres régimes. On a toutefois fait observer à ce sujet que la rivalité des catégories dirigeantes comporte le risque permanent de « désintégration du consensus social ». La compétition des élites dirigeantes offre peut-être des garanties au citoyen mais elle ne lui donne ni l'impression de pouvoir influer sur le cours des événements ni même un sentiment de liberté. C'est pourquoi certains commentateurs jugent par trop minimaliste la définition de la démocratie proposée par Schumpeter. Pour Peter Bachrach, cette réduction de la démocratie à une « méthode politique » implique une évaluation du caractère démocratique d'un système politique en fonction des bénéfices qu'en retire « l'individu ordinaire ». Les intérêts politiques de ce dernier se conçoivent uniquement en termes d'avantages offerts par le système en termes de sécurité, services, soutien matériel, etc. La définition des intérêts politiques ainsi suggérée est « unidimensionnelle » ; elle néglige une autre dimension, mise en évidence par les classiques, à savoir que la participation à des prises de décision de nature politique est une source de développement et d'enrichissement pour le citoyen (Bachrach, 1967, p. 95). Schumpeter aurait sans doute récusé cette objection qui lui aurait paru relever de la pensée utopique mais Raymond Aron fut sensible au danger que comporte pour l'ordre démocratique « l'impuissance ressentie par le grand nombre ». Elle lui parut favoriser le succès d'une « mythologie des élites souveraines et clandestines » très tenace (Aron, 1960, p. 278).

La précarité des élites démocratiques

Un autre auteur qui a fait porter sa réflexion sur les rapports entre les élites et la démocratie est Karl Mannheim (1893-1947). Comme Schumpeter, il constate l'écart entre la doctrine classique de la démocratie et la réalité empirique des régimes qu'on qualifie de démocratiques. On ne peut échapper aux procédures de délégation de pouvoirs et à leurs conséquences : l'existence d'élites contrôlant les leviers de commande est inévitable. Ce fait reste compatible avec l'idéal démocratique si ces élites, d'une manière ou d'une autre, sont régulièrement mises en demeure de « rendre des comptes » à l'électeur. Mannheim insère sa réflexion dans une perspective historique à long terme. Au cours des siècles, des changements se sont produits dans les principes de sélection des élites. Trois principes généraux se sont succédés : la sélection sur la base du sang, sur la base de la propriété et sur la base de la performance (*achievement*). La société aristocratique, principalement après sa stabilisation, choisissait ses élites d'après le principe du sang. La société bourgeoise y a graduellement ajouté le principe de la propriété ou de la richesse. Ce principe s'est également révélé d'application pour les élites intellectuelles dans la mesure où la possibilité de faire des études était plus ou moins réservée aux enfants des catégories sociales favorisées. Le principe de la performance – ou du mérite – est entré très tôt en combinaison avec les autres principes mais il est devenu le critère décisif de succès social là où la démocratie est vigoureuse. La société démocratique moderne est une machinerie sélective qui combine les trois principes. « Ses élites sont constituées d'un mélange d'hommes et de femmes qui ont atteint leur position en vertu d'un des trois principes ou de plusieurs d'entre eux » (Mannheim, 1940, p. 89-90).

Quel que soit le jugement qu'on porte d'un point de vue de justice sociale, ajoute Mannheim, on doit reconnaître que ces trois principes offrent des combinaisons assez heureuses de critères restrictifs, conservateurs, et de critères dynamiques, progressistes, l'élément dynamique étant la sélection par la performance ou le mérite. Si la sélection était fondée exclusivement sur la performance, la succession des élites deviendrait trop rapide et se ferait au détriment de la continuité sociale qui exige « un élargissement lent et graduel de l'influence des groupes dominants » (*ibid.*, p. 91). Par ailleurs, ce serait une erreur de penser que la civilisation occidentale a évolué de façon linéaire, des cultures régionales vers des ensembles culturels nationaux d'abord, internationaux ensuite. L'humanisme séculier qui succéda à l'humanisme chrétien prit certes la forme d'un mouvement culturel international. Mais la réaction post-révolutionnaire et le mouvement romantique entraînèrent un renouveau du régionalisme et du localisme. Depuis lors, la sélection des élites oscille entre la tendance au provincialisme et l'ouverture vers la communauté internationale (*ibid.*, p. 92-96).

Pour Mannheim, l'histoire nous révèle l'existence d'un double processus évolutif qui a également été noté par d'autres auteurs : une tendance fondamentale à la démocratisation de la vie politique et une tendance tout aussi marquée à la diversification du corps social. Il y a démocratisation car des catégories de la population qui n'avaient joué précédemment qu'un rôle purement passif dans les affaires publiques prennent part à la vie politique. Ceci a pour conséquence une croissance du volume des élites par rapport au reste de la population. Ultérieurement, Kaare Svalastoga redécouvrira cette tendance par des voies purement déductives (Svalastoga, 1969, p. 14). La diversification du corps social entraîne une multiplication des élites à vocation spécifique : politiques, organisationnelles, intellectuelles, artistiques, morales et religieuses (Mannheim, 1940, p. 82-83).

La diversité croissante des élites provoque un affaiblissement du pouvoir de chaque élite en particulier. Dans un premier temps, « la variété est fructueuse » mais au-delà d'un certain point, la variété fait place à une situation diffuse où les différentes élites se neutralisent les unes les autres (*ibid.*, p. 86). D'autres facteurs jouent également un rôle. La perte du caractère exclusif des élites est un de ces facteurs. Le caractère « ouvert » de la « société démocratique de masse » prive les élites du caractère exclusif minimum dont elles ont besoin pour forger des modèles et exercer une influence réelle, par exemple en matière de goûts et d'opinions. Il en résulte un état d'indécision et un manque de *leadership*. Ce « manque général de direction » offre des possibilités aux minorités organisées, indifférentes aux contraintes légales d'un ordre démocratique. Elles rencontrent relativement peu de résistance là où les élites ne sont plus en mesure de guider l'opinion (*ibid.*, p. 87-88).

Cette double tendance notée par Mannheim – démocratisation et diversification – se greffe sur la succession de trois types d'ordre social correspondant à trois étapes historiques : une solidarité diffuse que Mannheim qualifie de « solidarité de la horde », un état d'intensification de la compétition individuelle et enfin une situation d'interdépendance entre groupes aux préoccupations distinctes (*ibid.*, p. 68). La tâche de promouvoir des régulations sociales efficaces incombe aux élites. Les sociétés libérales démocratiques sont toutefois bloquées à la deuxième étape du développement historique, dominée par un très vif esprit de compétition individuelle ; aussi, la vie de ces sociétés de masse de type libéral est caractérisée par l'affaiblissement des régulations sociales. Dans les sociétés de masse à caractère autoritaire, en revanche, c'est le poids des institutions qui domine l'ordre social tout en l'écrasant (*ibid.*, p. 81).

Mais ce sont les sociétés pluralistes – les sociétés de type libéral – dont l'avenir préoccupait Mannheim. Celui-ci s'interrogeait sur les possibilités de leur réorganisation. Dans le contexte de la montée des régimes dictatoriaux et de la Deuxième Guerre mondiale, le problème des sociétés modernes – qui sont devenues des sociétés de masse – est à ses yeux de trouver un moyen terme entre le libéralisme fondé sur le « laissez faire » et les régimes autoritaires ou totalitaires. La réorganisation de la société implique qu'on puisse faire appel aux élites afin d'aménager un ordre social planifié en évitant les extrêmes de l'anarchie libérale et de l'organisation dictatoriale. Influencé par les conceptions weberiennes, Mannheim est conscient du fait que toute forme de planification implique une extension de la rationalité bureaucratique à de nouveaux domaines de la vie. Et ceci pose le problème du contrôle démocratique de la bureaucratie. Mais il faut se garder, selon lui, de surestimer la stabilité des élites dans les sociétés pluralistes modernes ainsi que leur capacité de se soustraire au jugement de l'opinion publique, d'autant plus qu'elles s'affaiblissent mutuellement. Les élites politiques et organisationnelles ont pour fonction principale d'intégrer des programmes divers en un consensus acceptable. Les élites intellectuelles, artistiques et religieuses apportent un élément de réflexivité indispensable à tout ordre social ; elles sont productrices de sens. Un certain équilibre du système social est assuré quand il y a convergence des influences exercées par les différentes élites. Quand ce n'est pas le cas, on se trouve dans une situation de crise endémique. Mannheim place ses espoirs dans les élites intellectuelles auxquelles revient la tâche de dépasser les intérêts catégoriels et de créer les conditions de l'équilibre social. Les intellectuels lui paraissent en effet ceux dont la connaissance est le moins influencée par une perspective de classe ; c'est ce qui l'amène à emprunter à Alfred Weber la notion d'intelligentsia libre d'attaches sociales ou *freischwebende Intelligenz* (Mannheim, 1936, p. 136-140).

La démocratisation de la culture et le rôle des élites

Les facteurs d'affaiblissement de la position des élites semblent pousser au pessimisme. Dans l'essai intitulé *Demokratisierung des Geistes* (1933), un des derniers textes écrits par Mannheim avant que l'avènement du nazisme ne le chasse d'Allemagne et qui sera reproduit ultérieurement sous le titre *The Democratization of Culture* (Mannheim, 1956*b*, p. 171-246), on trouve cependant la vision d'un antidote au pessimisme culturel à partir de la notion d'élites à même de réconcilier l'espoir de démocratisation de la culture avec l'idée d'excellence. La tendance forte à la démocratisation ne s'observe pas seulement en politique mais également dans la vie culturelle et intellectuelle. Dans les premières phases de la démocratisation, les décisions à caractère politique étaient prises par des élites économiques et intellectuelles plus ou moins homogènes. Avant l'introduction du suffrage universel, les masses n'avaient guère de possibilités d'exercer une influence quelconque sur les politiques gouvernementales. Ceux qui détenaient le pouvoir étaient familiarisés de longue date avec les problèmes de gouvernement et avaient une conception réaliste de l'éventail des possibles ; ils se défiaient des plans utopiques. L'irruption des masses sur la scène politique entraîna une rupture de l'homogénéité de l'élite de gouvernement. Des individus et des groupes encore peu familiarisés avec les réalités politiques se virent confier des charges de gouvernement. Dès lors, les élites établies dont les conceptions politiques étaient orientées vers l'aménagement prudent de la réalité furent confrontées à des élites concurrentes n'ayant pas la même expérience de longue date des affaires publiques et « dont la pensée politique en était encore au stade utopique » (*ibid.*, p. 172). Il en résulta une modification des processus de prises de décision et des modes de sélection de l'élite gouvernementale.

Mais au-delà de ces mécanismes de fonctionnement des institutions, ce sont deux conceptions de l'élite fondamentalement différentes et datant d'époques différentes qui s'affrontèrent. Dans les cultures pré-démocratiques de type aristocratique ou monocratique, la caractéristique socio-culturelle essentielle est « la distance verticale entre dominants et dominés » (*ibid.*, p. 210). La distance verticale obtenue par des moyens matériels ou symboliques est le « principe constitutif » qui assure l'existence et la pérennité des différents groupes en présence. Lorsque les premières tendances démocratiques se manifestèrent à la fin du Moyen Âge et se concrétisèrent dans la « démocratie urbaine », les différents modes d'expression artistique et culturelle présentèrent des marques de « dé-distanciation » mettant en évidence la perspective de la vie quotidienne (*ibid.* p. 220). Avec des hauts et des bas, ces tendances se prolongèrent jusqu'à l'époque moderne pour en arriver à une « négation radicale de la distance », à la fois dans les relations sociales et dans le domaine de la culture (*ibid.*, p. 225). Une conception de la culture à composante aristocratique, fondée sur un idéal humaniste, s'oppose alors à une conception plus démocratique et ces deux conceptions sont typiques des élites différentes qui sont en présence. L'idéal humaniste est ancré dans les valeurs de l'Antiquité classique et vise à favoriser l'épanouissement de « l'honnête homme » à la vaste culture et aux intérêts multiples. C'est l'idéal de groupes dominants qui disposent de loisirs pour se livrer à des occupations culturellement enrichissantes mais aussi pour se consacrer aux affaires publiques. L'individu moyen qui doit travailler pour vivre est au contraire voué à la spécialisation. L'idéal culturel démocratique est orienté vers l'activité professionnelle. La culture s'acquiert dans des activités dont la finalité ultime est d'ordre pratique. Dans cette perspective nouvelle, la « culture politique » s'acquiert par la participation aux activités concrètes de groupements politiques plutôt que par la familiarité avec les doctrines (*ibid.*, p. 230-235). Il existe également un idéal de « perfectionnement » démocratique visant à dépasser l'horizon étroit d'une spécialisation professionnelle, mais le désir de se cultiver trouve son origine dans les préoccupations de la vie quotidienne, professionnelle ou non. La conception de « la culture pour la culture » est peu en harmonie avec l'idéal démocratique.

Ces conceptions divergentes trouvent leur reflet dans la vie politique. Dans le monde pré-démocratique, la politique n'est pas une activité spécialisée. La vie parlementaire de l'époque censitaire reste le fait d'amateurs qui ne font pas de la politique une profession mais qui ont le loisir et les moyens de s'y adonner. Les discours font alors appel à l'érudition classique et à des principes philosophiques généraux ; ils visent à obtenir l'adhésion de collègues qui sont attentifs aux arguments et qui ont toute liberté de prendre des décisions en conscience, en fonction de choix raisonnés. La lutte politique n'est pas encore le reflet d'intérêts économiques de masse. Quand elle le deviendra apparaîtra le spécialiste de telles ou telles questions qui sera aussi un politicien professionnel. C'est ainsi, selon Mannheim, que l'interaction entre élites politiques établies de longue date et élites politiques ascendantes peut, sous certaines conditions, avoir des effets bénéfiques pour le fonctionnement démocratique des institutions. Le travail des commissions prend alors plus d'importance que les séances plénières qui tendent de plus en plus à apparaître comme un théâtre dénué de signification réelle et qui contribuent plutôt à déconsidérer l'institution parlementaire. Dans les divers lieux de discussion et de confrontation des opinions, les différents points de vue sont présentés de manière documentée. Cela constitue une excellente école pour les nouveaux politiciens issus de la base. Ceux-ci commencent souvent leur carrière politique comme représentants d'intérêts sectoriels mais ils peuvent se hisser peu à peu jusqu'au niveau d'hommes d'État responsables, ayant le sens du compromis et de l'intérêt général. Cette évolution les expose aux accusations de trahison des intérêts de leur base politique (*ibid.*, p. 236-237). Elle représente néanmoins un gain pour la démocratie.

Chapitre 3

Les élites comme groupes d'influence

Quel que soit le diagnostic qu'on pose sur le degré d'homogénéité ou de diversité de l'élite dirigeante, il est toujours possible de distinguer des fractions plus ou moins autonomes de cette élite. Dans ce chapitre, on optera pour le pluriel et on postulera l'existence d'élites distinctes, exerçant des influences en sens divers sur la masse de la population. C'est lorsqu'on adopte ce point de départ qu'on est à nouveau confronté aux notions rivales d'excellence et de prééminence. Des élites en compétition, en concurrence ou en opposition justifient leur position prééminente par une prétention à l'une ou l'autre forme d'excellence, en se fondant sur des principes légitimateurs différents. Bien entendu, lorsqu'il y a diversité des légitimations, on ne peut que s'attendre à des tentatives de disqualification des légitimations concurrentes.

Élites productives et non productives

Il arrive que la dichotomie « dominants-dominés » prenne la forme d'une opposition entre non producteurs et producteurs. Il y aurait une élite établie, parasitaire, et une élite non reconnue comme telle mais présentant pourtant davantage de titres à l'excellence. L'ancêtre de cette façon de voir est Claude-Henri de Saint-Simon (1760-1825), précurseur de la sociologie et théoricien de l'industrialisme dont Émile Durkheim a analysé l'œuvre en détail (1992) et auquel Pierre-Jean Simon a consacré quelques belles pages (Simon, 1991, p. 191-206). Pour Saint-Simon, ce qui subsiste des élites dirigeantes d'Ancien

Régime au début du XIXe siècle est devenu un conglomérat de catégories parasitaires dépourvues de tout esprit d'entreprise. Il s'agit bien de couches sociales en situation prééminente depuis la Restauration mais l'excellence à laquelle elles peuvent prétendre ne porte que sur des activités non productives : le souci de mener une existence « distinguée » leur tient lieu de raison d'être. Face à cette classe d'oisifs, on trouve une « classe industrielle » qu'il serait plus exact de qualifier de classe industrieuse. Ce sont les véritables « producteurs » ou créateurs qui contribuent par leurs activités à enrichir le patrimoine national. Il s'agit des travailleurs de l'agriculture, du commerce et de l'industrie, mais aussi des savants, des artistes et des hommes de lettres. On le voit, la notion d'activité productive est ici très largement conçue.

La parabole des abeilles et des frelons

Pour illustrer cette opposition entre producteurs et non producteurs, Saint-Simon propose la parabole des abeilles et des frelons parue en 1819. Les frelons, ce sont les catégories oisives, les propriétaires-rentiers. Les abeilles, ce sont les véritables producteurs sans lesquels la nation ne pourrait subsister. Supposons, écrit Saint-Simon, que la France perde subitement ses trois mille « premiers savants, artistes et artisans de France ». Une telle perte serait catastrophique pour le pays car ce sont « les Français les plus essentiellement producteurs ». En revanche, poursuit Saint-Simon, « supposons que la France conserve tous les hommes de génie qu'elle possède dans les sciences, les beaux-arts, les arts et métiers », mais qu'elle ait le malheur de perdre le même jour tous les princes et les princesses de la famille royale ainsi qu'une série de personnages importants dans divers domaines. Cette perte des trente mille individus réputés les plus importants de l'État n'affligerait les Français « que sous un rapport purement sentimental car il n'en résulterait aucun mal politique pour l'État. » (Saint-Simon, 1819, 1966, p. 17-21). Dans l'énumération des « abeilles », on trouve la préfiguration de l'ordre d'excellence proposé plus tard par Pareto, ainsi qu'on l'a vu au chapitre 1 : « les cinquante premiers physiciens, les cinquante premiers chimistes, etc. » Il s'agit néanmoins d'un ordre d'excellence dans les activités qui se prêtent le plus malaisément à l'attribution frauduleuse des « étiquettes » d'appartenance à une élite (Pareto, 1916, § 2035). Saint-Simon énumère donc des catégories qui accomplissent des tâches indispensables à la prospérité économique et au progrès scientifique. C'est à ses yeux la véritable élite du pays. Quant aux frelons, Saint-Simon ne songe en aucune façon à leur attribuer un « score d'excellence ». Il s'agit des hommes et des femmes qui ont acquis une position prééminente dans la société ou qui l'ont héritée (les princes et les princesses). Il est sans doute injuste de tous les classer dans la catégorie des oisifs mais leur excellence – si excellence il y a – se manifeste dans des domaines d'activité qui servent peu la prospérité du pays. Ce dédain pour les activités non directement productives ou créatrices s'accorde bien avec la conception saint-simonienne selon laquelle « le gouvernement des hommes » est voué à être remplacé progressivement par « l'administration des choses ». À l'époque, les conceptions de Saint-Simon n'étaient partagées que par une petite minorité de ses contemporains. Elles exercèrent néanmoins une grande influence sur la politique d'expansion économique du Second Empire (Clifford-Vaughan, 1960, p. 319). Ultérieurement, les idées saint-simoniennes illustrées par la parabole des abeilles et des frelons ont eu des prolongements dans deux directions qui ne sont d'ailleurs pas entièrement étrangères l'une à l'autre dans la mesure où elles opposent également des élites « utiles », tirant leur légitimité d'une activité productrice ou créatrice, à des élites « parasitaires » dont la prééminence repose sur un statut acquis de longue date. La première de ces orientations est celle qui lie la notion d'élite à celle de loisir.

La parabole des abeilles et des frelons

Nous supposons que la France perde subitement ses cinquante premiers physiciens, ses cinquante premiers chimistes, ses cinquante premiers physiologistes, ses cinquante premiers mathématiciens, ses cinquante premiers poètes, ses cinquante premiers peintres, ses cinquante premiers sculpteurs, ses cinquante premiers musiciens, ses cinquante premiers littérateurs ; ses cinquante premiers mécaniciens, ses cinquante premiers ingénieurs civils et militaires, ses cinquante premiers architectes, ses cinquante premiers médecins, ses cinquante premiers chirurgiens, ses cinquante premiers pharmaciens, ses cinquante premiers marins, ses cinquante premiers horlogers ; ses cinquante premiers banquiers, ses deux cents premiers négociants, ses six cents premiers cultivateurs, ses cinquante premiers maîtres de forges, ses cinquante premiers fabricants d'armes, ses cinquante premiers tanneurs, ses cinquante premiers teinturiers, ses cinquante premiers mineurs, ses cinquante premiers fabricants de draps, ses cinquante premiers fabricants de coton, ses cinquante premiers fabricants de soierie, ses cinquante premiers fabricants de toile, ses cinquante premiers fabricants de quincaillerie, ses cinquante premiers fabricants de faïence et de porcelaine, ses cinquante premiers fabricants de cristaux et de verrerie, ses cinquante premiers armateurs, ses cinquante premières maisons de roulage, ses cinquante premiers imprimeurs, ses cinquante premiers graveurs, ses cinquante premiers orfèvres et autres travailleurs de métaux ; ses cinquante premiers maçons, ses cinquante premiers charpentiers, ses cinquante premiers menuisiers, ses cinquante premiers maréchaux, ses cinquante premiers serruriers, ses cinquante premiers couteliers, ses cinquante premiers fondeurs, et les cent autres personnes de divers états non désignés, les plus capables dans les sciences, dans les beaux-arts, et dans les arts et métiers, faisant en tout les trois mille premiers savants, artistes et artisans de France.

Comme ces hommes sont les Français les plus essentiellement producteurs, ceux qui donnent les produits les plus importants, ceux qui dirigent les travaux les plus utiles à la nation, et qui la rendent productive dans les sciences, dans les beaux-arts et dans les arts et métiers, ils sont réellement la fleur de la société française ; ils sont de tous les Français les plus utiles à leur pays, ceux qui lui procurent le plus de gloire, qui hâtent le plus sa civilisation ainsi que sa prospérité ; la nation deviendrait un corps sans âme, à l'instant où elle les perdrait ; elle tomberait immédiatement dans un état d'infériorité vis-à-vis des nations dont elle est aujourd'hui la rivale, et elle continuerait à rester subalterne à leur égard tant qu'elle n'aurait pas réparé cette perte, tant qu'il ne lui aurait pas repoussé une tête. Il faudrait à la France au moins une génération entière pour réparer ce malheur, car les hommes qui se distinguent dans les travaux d'une utilité positive sont de véritables anomalies, et la nature n'est pas prodigue d'anomalies, surtout de celles de cette espèce.

Passons à une autre supposition. Admettons que la France conserve tous les hommes de génie qu'elle possède dans les sciences, dans les beaux-arts, et dans les arts et métiers, mais qu'elle ait le malheur de perdre le même jour Monsieur, frère du Roi, Monseigneur le duc d'Angoulème, Monseigneur le duc de Berry, Monseigneur le duc d'Orléans, Monseigneur le duc de Bourbon, Madame la duchesse d'Angoulème, Madame la duchesse de Berry, Madame la duchesse d'Orléans, Madame la duchesse de Bourbon, et Mademoiselle de Condé. Qu'elle perde en même temps tous les grands officiers de la couronne, tous les ministres d'État (avec ou sans départements), tous les conseillers d'État, tous les maîtres de requêtes, tous ses maréchaux, tous ses cardinaux, archevêques, évêques, grands-vicaires et chanoines, tous les préfets et sous-préfets, tous les employés dans les ministères, tous les juges, et, en sus de cela, les dix mille propriétaires les plus riches parmi ceux qui vivent noblement.

Cet accident affligerait certainement les Français, parce qu'ils sont bons, parce qu'ils ne sauraient voir avec indifférence la disparition subite d'un aussi grand nombre de leurs compatriotes. Mais cette perte des trente mille individus, réputés les plus importants de l'État, ne leur causerait de chagrin que sous un rapport purement sentimental car il n'en résulterait aucun mal politique pour l'État.

Claude-Henri de Saint-Simon, *L'Organisateur*, in *Œuvres de Saint-Simon* publiées par les membres du Conseil institué par Enfantin, Quatrième volume, Paris, Dentu, 1869, p. 17-21 (Nouvelle édition, Paris, Anthropos, tome II, 1966).

La théorie de la classe de loisirs

À la manière dont on définit la bourgeoisie, dans l'optique marxiste, comme la classe qui prospère par le prélèvement de la plus-value engendrée par l'activité productive, il est possible de décrire toute élite dirigeante comme une classe qui consolide son pouvoir grâce à un surplus de temps libre créé par l'activité des autres. Cette conception se cristallise dans la « théorie de la classe de loisirs » qu'on doit à Thorstein Veblen (1857-1929). Ce sociologue américain caractérise l'élite de son temps comme une « classe de loisirs » (Veblen, 1899). Son statut acquis et sa richesse accumulée lui permettent de mener une existence non productive. Un milieu social constitué par des familles de rentiers est un milieu où le travail est considéré comme dégradant. Comme dans les cercles aristocratiques, le souci de préserver son statut social requiert une vie de loisirs. Les activités les plus prisées sont celles qui s'éloignent le plus des activités utilitaires comme les jeux ou le sport pratiqué en amateur ; de telles priorités se manifestent jusque dans le choix des études qui sont d'autant plus prestigieuses qu'elles ne sont pas orientées prioritairement vers les besoins du marché de l'emploi. Quand les gens vivent du produit de leur travail – particulièrement dans les catégories inférieures de la population –, une certaine « fierté d'émulation » leur est offerte par une réputation d'efficacité dans le travail. Dans les classes supérieures, au contraire, l'émulation est d'ordre purement « pécuniaire ». La richesse et le pouvoir doivent être mis en évidence.

Dès lors, ce sont des habitudes de consommation qui caractérisent l'élite, qu'il s'agisse d'habitudes alimentaires ou de modes vestimentaires. Dans un tel contexte, les modèles de consommation sont orientés vers la consommation ostentatoire car ils ont avant tout une fonction de distinction sociale ou, pour adopter la conceptualisation mertonienne, une fonction *latente* de distinction sociale (Merton, 1968, p. 123-124). Il en résulte une mentalité qui a des retombées jusque dans les tendances démographiques : on limite le nombre d'enfants afin de conserver le maximum de ressources pour la consommation. Mais des activités de loisir orientées vers la distinction ont également une fonction d'intégration de l'élite dirigeante. Comme le fit observer Charles Wright Mills dans la préface qu'il donna au livre de Veblen, « elles sont une manière d'assurer la coordination des décisions entre les différents éléments et segments de la classe supérieure » (Mills *in* Veblen, 1953, p. XVI). C'est d'ailleurs ce qui incita Mills à accorder une certaine importance au sentiment de connivence entre les différents secteurs de l'élite, contribuant à n'en faire qu'une seule « élite de pouvoir ».

De l'industrialisme à l'idéologie technocratique

La théorie de « la classe de loisirs » prolonge les conceptions de Saint-Simon à propos des élites oisives ou non productives. Un autre courant de pensée pouvant se réclamer de ses théories est « l'industrialisme » qui correspond à un des aspects majeurs des doctrines saint-simoniennes – l'autre étant le socialisme – et qui a fourni une base intellectuelle aux adeptes de l'idéologie technocratique. Dans cette perspective qui se prolonge chez Comte et chez Cournot, la politique est vouée à se transformer en une « science positive » ; alors les « capacités » se substitueront aux « pouvoirs » et la « direction » au « commandement » (Saint-Simon, 1966, p. 86 et p. 150-151). Au XXe siècle, durant l'entre-deux-guerres, se répandra l'idée que s'opère une dissociation du capitalisme financier et de l'intelligentsia technique. Aux États-Unis se créa le groupe des « technocrates » dont Howard Scott se fit le porte-parole (1933). Celui-ci se proposait de donner aux ingénieurs la conscience de classe qui leur faisait défaut pour prendre en main les leviers de commande de l'économie. Parallèlement à la réflexion sur l'évolution du capitalisme se développa un mouvement de remise en question du régime parlementaire. Dans le courant des années 1930, cette double évolution prit souvent une coloration fascisante. En France, sous le régime de Vichy, des efforts furents entrepris sous « les thèmes de l'antiparlementarisme, de l'anticapitalisme et de l'anticollectivisme » pour constituer « une élite technicienne au sein de l'appareil d'État » (Birnbaum, 1978, p. 84). Au lendemain de la Deuxième Guerre mondiale, dans un contexte économique profondément modifié, on vit ressurgir des conceptions « organisatrices » visant à subordonner les options politiques aux « impératifs de la technique ». Typique de cette orientation d'esprit – et de l'époque – est un petit ouvrage de Louis Armand et Michel Drancourt, *Plaidoyer pour l'avenir* (1961). Selon ses auteurs, l'homme politique « ne doit pas avoir à démontrer par application d'idéologies, les obligations qui découlent de véritables théorèmes » (*op. cit.*, p. 25). À l'époque, Jean-Marie Domenach déclara retrouver dans l'ouvrage d'Armand et Drancourt « l'hymne à la production [...] vieille chanson qui nous vient de ce XIXe siècle que l'on prétend abolir » (Domenach, 1961*a*) et conclut sur un « plaidoyer pour la politique », faisant observer au passage que l'optimisme technicien *est* une idéologie (Domenach, 1961*b*). La persistance d'une idéologie technocratique a eu un double effet en France. Elle a contribué à renforcer « la cohésion des hauts fonctionnaires par rapport aux hommes politiques traditionnels. » Mais elle a également « rapproché les dirigeants du secteur privé et ceux de l'appareil d'État » (Birnbaum, 1978, p. 86-87).

L'opposition entre producteurs et non producteurs mise en évidence par Saint-Simon tend à identifier l'excellence avec un apport productif ou créatif et à confondre tout autre critère de prééminence avec les « étiquettes » frauduleusement acquises dont parle Pareto. Dans l'optique technocratique, la compétence technique s'identifie au dynamisme et à la créativité alors que le mandat politique confère un statut ambigu, difficile à justifier en termes simples. Cette primauté accordée à la technique comporte néanmoins le risque évident de négliger le problème des régulations sociales qui ne se laisse pas réduire à de l'organisation ou de l'administration.

Les théories de la « nouvelle classe » techno-bureaucratique

Pour les théoriciens des élites, c'est la présence d'une caractéristique particulière – dynamisme, sens de l'organisation, volonté de pouvoir, dévotion à un ordre de valeurs – qui assure la vocation d'un groupe ou d'une catégorie sociale à accéder au statut de classe dirigeante. Pendant tout le XIXe siècle, cette classe dirigeante paraît pouvoir se recruter parmi les notables de l'époque. Certes, le fonctionnement de l'État moderne entraîne un processus de bureaucratisation qui semble aller de pair avec la stabilisation d'un pouvoir de type légal-rationnel. Mais on considère généralement que la formation générale de « l'honnête homme » suffit à dominer les problèmes qui se posent et à imposer une volonté politique aux corps de fonctionnaires publics. Quant à ceux qui contestent l'ordre établi dans une perspective de lutte de classes, il leur semble aller de soi que surgiront de leurs rangs des élites démocratiques aptes à se substituer au régime des notables. Dans les années 1930 et 1940, deux éléments nouveaux vinrent ébranler la confiance dans les possibilités de contrôle démocratique par les « amateurs éclairés » agissant par délégation du corps électoral. Dans les pays de tradition libérale-démocratique, à mesure que les fonctions attribuées à l'État se multiplient, les prises de décision semblent exiger de plus en plus de compétences techniques. Dans le même temps, les régimes totalitaires mettent en place des instruments de planification qui soustraient complètement les grandes options à toute forme de débat public.

Burnham et la « révolution managériale »

Dans ce contexte historique naît un courant de pensée critique de la domination de « la technique » et de l'émergence d'une « nouvelle classe » à vocation dirigeante. Le représentant le plus célèbre de cette orientation théorique et idéologique est James Burnham (1905-1987) dont l'ouvrage *The Managerial Revolution* (1941) connut à l'époque un grand retentissement. À l'origine, Burnham est trotskiste et dirige la revue *New International*. Des débats en cours dans les milieux trotskistes, il conservera l'idée qu'une nouvelle classe est en gestation en URSS et que l'absolutisme stalinien est lié à la bureaucratisation du régime soviétique, sans d'ailleurs faire nettement la distinction entre un pouvoir fondé sur la compétence technique et un pouvoir issu de la prise en main de l'appareil politique. C'est la préfiguration de la thèse de Milovan Djilas sur la constitution d'une « nouvelle classe » dans les régimes de type soviétique (1957). Burnham doit beaucoup à Bruno Rizzi mais probablement pas autant que le pensait Pierre Naville (Naville, 1950). Rizzi prévoyait l'avènement d'une nouvelle classe dirigeante dont la recherche du profit capitaliste cesse d'être la motivation principale (Rizzi, 1939). Burnham va plus loin, dans un contexte de généralisation de l'interventionnisme en matière économique ; il n'hésite pas à affirmer en effet qu'une couche techno-bureaucratique est d'ores et déjà aux leviers de commande de l'économie et qu'elle détient le pouvoir réel. À l'appui de cette prise de position, il cite une enquête effectuée aux États-Unis par Adolf Berle et Gardiner Means dans les années 1930, selon laquelle 65 % des plus grandes entreprises industrielles américaines étaient contrôlées, en fait sinon en droit, par leurs directeurs et gérants (Berle et Means, 1936). Burnham avance donc une thèse qui se situe à l'intersection de la théorie des élites et de la théorie de la lutte des classes. Il envisage très clairement la formation d'une élite managériale composée des *managers* de l'économie privée, des administrations publiques et des organisations syndicales, des ingénieurs, des experts, des planificateurs et des techniciens de rang élevé (Burnham, 1947, p. 126-127). Mais si le régime capitaliste lui paraît moribond, rien ne permet, selon lui, de supposer que c'est une société socialiste égalitaire qui lui succèdera. « Des millions de personnes préconisent aujourd'hui dans le monde la prise de possession par l'État des instruments de production ». Pourtant, poursuit-il, le résultat « ne sera pas la liberté et l'absence de classes, ni même le bien-être matériel universel, mais une nouvelle forme d'exploitation de la société par une classe » (*ibid.*). Pour Rizzi, au-delà de la « société bureaucratique » dont la « nécessité historique » ne pouvait qu'être constatée, l'espoir d'une société sans classes continuait à se profiler à l'horizon de l'histoire (Rizzi, 1939). Avec Burnham, l'utopie de la société égalitaire post-technocratique s'évanouit complètement. On se trouve devant une théorie de la convergence avant la lettre, mais sans l'optimisme technicien des années d'après-guerre : dans les régimes pluralistes comme dans les États totalitaires, le pouvoir de fait passe entre les mains d'une nouvelle classe dirigeante. Burnham conserve toutefois de la théorie marxiste l'idée que c'est le contrôle des moyens de production qui assure le pouvoir réel (Burnham, 1947, p. 155). C'est pourquoi, selon lui, les *managers* supplanteront finalement les bureaucrates politiques qui ne pourront que se subordonner à eux (*ibid.*). Dans les années qui suivirent, on reprocha à Burnham d'avoir présenté sa thèse de façon beaucoup trop schématique et de n'avoir fait que remplacer de façon simpliste la classe ouvrière révolutionnaire de la vulgate marxiste par les technocrates (Fougeyrollas, 1950, p. 31-32). Il n'en reste pas moins que les arguments de Burnham firent l'objet de nombreux débats. Le dirigeant socialiste Léon Blum accepta de préfacer la traduction française de *The Managerial Revolution* et déclara que ce livre l'avait amené à remettre à l'épreuve un certain nombre d'idées qu'il tenait pour acquises (Blum, 1947, p. XXI). Pour Blum, cependant, la technocratie ne pouvait être qu'un régime de transition vers le socialisme.

La critique de Georges Gurvitch

Avec sa rudesse de ton coutumière, Georges Gurvitch n'hésita pas à qualifier Burnham d'« habile propagandiste qui avait adapté les idées fascistes et nazies à la psychologie de l'Américain moyen » (Gurvitch, 1963, tome II, p. 440). La thèse du pouvoir managérial lui parut néanmoins mériter son attention et il y consacra plusieurs textes importants. À l'encontre de la vision saint-simonienne optimiste selon laquelle le gouvernement des hommes était appelé à être remplacé par « l'administration des choses », Gurvitch estime que c'est l'inverse qui s'est produit pendant la première moitié du XXe siècle : « Nous avons tous pu observer que le gouvernement des hommes devenait un succédané de la possession de puissants moyens de production et de la capacité de les manier » (1963, tome II, p. 432). Ceci l'amène à attirer l'attention sur divers groupes « de spécialistes, détenteurs des secrets techniques, des engins techniques tout-puissants, de compétences hors pair et possédant un pouvoir de décision de fait et parfois même de droit » (*ibid.*). Mais dans les années 1950 et 1960, on raisonne en termes de classes plus volontiers qu'en termes d'élites et Gurvitch se demande si « les groupes techno-bureaucratiques » peuvent « se structurer en classe indépendante », compte tenu du fait « qu'ils ont toujours servi d'autres classes » antérieurement. Selon lui, l'apparition de ces groupes « est liée à la constitution du capitalisme organisé et, plus largement, des sociétés dirigistes et planificatrices » (*ibid.*, p. 433). Pour Gurvitch, la constitution des groupes techno-bureaucratiques en classe dirigeante « conduit, sous le capitalisme organisé, aux différentes formes du fascisme » ; ces groupes peuvent également prendre de l'importance dans les régimes « étatistes collectivistes » correspondant « à la première étape de la structure globale communiste » (*ibid.*, p. 433-434). La question le préoccupe suffisamment pour qu'il adapte en conséquence sa typologie des sociétés globales (1963, tome I, p. 506 ; 1967, tome I, p. 218).

Les théories managériales modernes

Beaucoup plus tard, John Scott (1990) – à qui l'on emprunte ce qui suit – fera à nouveau le point des théories managériales. Il distingue à cet égard une théorie managériale classique, très proche de Berle et Means, et des versions simplifiées, dérivant directement de Burnham. La position classique part du principe que la société par actions représente la fin de la classe capitaliste et l'émergence de la nouvelle classe des *managers*. Cette innovation juridique entraîne une dissolution du droit de propriété traditionnel où le droit « passif » de l'actionnaire de recevoir un revenu sous forme de dividende se sépare du droit « actif » de contrôle par la direction de l'entreprise elle-même. En outre, avec l'augmentation de la taille des entreprises, la dispersion des actions devient telle que l'actionnaire individuel est effectivement éliminé de toute participation au contrôle réel de l'entreprise.

Le rôle de l'actionnariat institutionnel

Des versions plus récentes de la théorie managériale impliquent une modification de ce type d'argumentation, rendue nécessaire par les changements dans la structure de l'actionnariat qui se sont produits depuis les années 1930. De plus en plus souvent, des nombres importants d'actions ont été transférés d'individus à des institutions financières telles que banques, compagnies d'assurance ou fonds de pension. On a donc assisté à un renversement de la tendance à la dispersion des actions qui était au centre de l'argumentation de Berle et Means. Au contraire, l'actionnariat s'est concentré de plus en plus. Cette croissance de l'actionnariat institutionnel n'était pas prévue par Burnham et ne joue pas un grand rôle dans la pensée de Berle et Means ; ses implications pour le pouvoir dans le domaine des affaires a fait l'objet de nombreuses controverses. On a fait observer que les institutions financières en question ont placé effectivement sous contrainte l'autonomie des *managers*. Les *managers* modernes ne peuvent pas ignorer les intérêts des actionnaires. Les actionnaires importants ne sont plus des individus isolés et manquant parfois des compétences nécessaires pour contrôler l'action des *managers* : ce sont au contraire des institutions importantes, pouvant mobiliser les compétences indispensables au contrôle de la gestion des entreprises. Ce qui est donc caractéristique de l'économie moderne, ce n'est plus le management en voie d'autonomisation mais au contraire le management contrôlé de près par de puissants actionnaires institutionnels, c'est-à-dire par l'influence réelle d'intérêts qui sont des intérêts capitalistes, même s'ils ont pris une autre forme que jadis. Une autre version de la théorie managériale conteste qu'on puisse assimiler purement et simplement les intérêts des actionnaires institutionnels à des intérêts capitalistes. Dans cette perspective au contraire, l'augmentation en puissance des institutions financières constituerait véritablement la fin du capitalisme en tant qu'expression d'intérêts de classe. En effet, loin d'être les instruments d'un renouveau du capitalisme, ces institutions seraient des instruments de contrôle. Elles opéreraient dans l'intérêt de la masse de la population qui leur fournit les capitaux. Les compagnies d'assurance doivent compter avec les intérêts de ceux qu'elles assurent, les fonds de pension tendent à adopter le point de vue des retraités actuels ou futurs. Cette vision harmonieuse d'institutions qui agissent purement et simplement dans l'intérêt de ceux qui leur apportent des capitaux prête fortement à discussion. Quels que soient les objectifs des actionnaires institutionnels, on peut penser qu'ils ne font que reproduire la distinction entre ceux qui fournissent les capitaux et ceux qui les gèrent. La différence la plus importante pourrait dès lors se situer ailleurs. En raison de la nature collective des intérêts en jeu, l'intervention des pouvoirs publics tend à être plus forte dans le cas des institutions. Leurs *managers* sont donc effectivement « sous contrainte » mais pour d'autres raisons qu'une prétendue identité d'intérêts avec la masse de la population. On voit réapparaître ainsi une ligne de tension entre élites politiques et élites économiques.

Les théories managériales et le marxisme

La plupart des théoriciens marxistes ont rejeté la thèse de la « révolution managériale » et sont restés fidèles à l'idée que la propriété des moyens de production reste décisive. Certains marxistes ont cependant accepté l'idée du remplacement des entrepreneurs capitalistes par une nouvelle élite managériale. Mais, paradoxalement, ils y ont vu un renforcement des rapports capitalistes de production. D'autres ont prétendu au contraire que les changements dans la composition de la classe capitaliste ont produit une petite élite de capitalistes financiers qui dominent l'économie à l'heure actuelle. Dans une version marxiste de la théorie managériale, on admet sans problème que le capitalisme familial a disparu des grandes entreprises modernes. On n'y voit cependant nullement une évolution conduisant à une sortie du capitalisme. Au contraire, les *managers* sont contraints d'utiliser leur pouvoir pour faire fonctionner le système capitaliste de manière efficace à l'époque du capitalisme des monopoles. Une classe d'actionnaires fortunés peut subsister mais elle ne participe en aucune façon à l'exercice du pouvoir au sein des grandes entreprises. La théorie du « capitalisme financier » continue à s'inspirer des principes du marxisme classique mais met davantage l'accent sur l'environnement de l'entreprise capitaliste. Dans cette optique, l'entreprise moderne est ancrée dans un réseau dense de relations financières. Les entreprises ont cessé depuis longtemps d'être les centres autonomes de prise de décisions qui en faisaient des acteurs clairement identifiables sur le marché ; elles sont devenues des éléments d'un système global de capitalisme financier. L'industrie et la banque s'insèrent de plus en plus dans un système de monopoles, et ces deux secteurs d'activité sont étroitement liés l'un à l'autre au sein de grands groupes financiers. C'est la rivalité et les conflits entre les groupes financiers qui déterminent l'évolution économique générale.

Le système animé par le capitalisme financier est dirigé par une oligarchie issue des groupes rivaux, qui arrive tant bien que mal à introduire entre eux un certain degré de coordination. Cette élite économique pilote la vie des affaires dans l'intérêt d'une classe capitaliste prise dans son ensemble. Il existe une théorie du contrôle bancaire qui dérive de celle du capitalisme financier. Les théoriciens du contrôle bancaire estiment que les banques agissent comme des centres de contrôle du capitalisme financier et que ce sont elles qui dominent l'industrie en fin de compte. L'économie moderne serait donc dominée par une élite restreinte de banquiers qui contrôlerait les affaires de toutes les grandes entreprises. À cette vision des choses s'oppose parfois l'idée que les banques elles-mêmes restent soumises au contrôle de capitalistes individuels entretenant une tradition familiale. Les mécanismes du capitalisme familial auraient donc été transformés plutôt que démantelés.

Au-delà du marxisme classique : l'élite des entreprises

La confrontation du marxisme et des théories managériales a suscité des théories qui s'éloignent de plus en plus du marxisme classique. Il y a tout d'abord la théorie de l'*hégémonie financière*. Cette théorie admet la symbiose du secteur bancaire et de l'industrie et reconnaît la position centrale des banques dans les flux de capitaux. Les grandes institutions financières dominent les flux de capitaux mais elles n'exercent pas de contrôle direct sur la gestion des entreprises dépendantes. Néanmoins, par leur contrôle collectif des disponibilités en capital, elles ont la possibilité de déterminer les conditions générales dans le cadre desquelles les entreprises doivent formuler leurs stratégies. Elles peuvent donc exercer un pouvoir incontestable sans intervention directe. Des enchevêtrements de directions permettent dès lors d'identifier un cercle restreint de directeurs en positions-clé mais ils montrent également l'unité et la cohésion de la classe capitaliste dont ils sont issus. La théorie de la *constellation d'intérêts* développée par John Scott converge en grande partie avec la théorie de l'hégémonie financière mais elle s'intéresse malgré tout au contrôle effectif d'entreprises prises séparément. Le développement de l'actionnariat inter-firmes a produit un système unifié de capitalisme financier mais il a créé également un secteur dominant d'entreprises dont la propriété est complètement dépersonnalisée. On se trouve ainsi face à une situation qui ne relève ni du « contrôle bancaire » ni du « contrôle managérial » mais qui participe d'une forme de contrôle par une « constellation d'intérêts ». Un petit nombre d'actionnaires institutionnels possèdent des paquets d'actions permettant des interventions dans la gestion de nombreuses grandes entreprises, mais ils n'ont pas la cohésion nécessaire pour former un groupe visant à la totalité du contrôle actif. Ils forment seulement une constellation d'intérêts financiers divers, n'ayant qu'une faible capacité d'action concertée, sauf dans des circonstances exceptionnelles. Les actionnaires principaux arrivent à coopérer pour définir la composition du conseil d'administration mais il leur est difficile d'aller plus avant dans la coopération. Dans une telle situation, le conseil d'administration et la direction d'une entreprise ne sont pas de simples exécutants, au service des intérêts des actionnaires dominants, mais ils ne disposent pas non plus d'une autonomie complète face aux influences émanant des actionnaires. De tout ceci a résulté une théorie des *groupes financiers* qui accorde moins d'importance décisionnelle aux représentants du capital institutionnel. Les entreprises industrielles tout comme les banques et les compagnies d'assurances détiennent des actions mais elles tendent à conserver ces actions pour leur propre compte au lieu d'en assurer la gestion pour d'autres. Ces prises de participation se constituent en groupes d'intérêts solidement structurés au sein desquels les intérêts industriels et les intérêts financiers s'enchevêtrent. Ces diverses avancées théoriques constituent un progrès, tant par rapport à la théorie managériale classique que par rapport à la vision marxiste traditionnelle. On est ainsi conduit à parler de l'élite des entreprises ou *corporate elite*, visant la catégorie des directeurs généraux et cadres supérieurs des grandes entreprises. Pour mettre en évidence des configurations de directions articulées les unes aux autres (*interlocking directorships*), les techniques de l'analyse de réseaux se sont révélées très utiles (Scott, 1990, p. xv).

Les élites et leur capacité d'influence

Si l'on veut dépasser le modèle sommaire de « la classe dominante », il y a lieu de s'interroger sur la capacité d'influence de chaque élite particulière ou de chaque segment d'élite. À ce propos, Robert Dahl met en garde contre plusieurs erreurs de jugement incitant selon lui à conclure trop facilement à l'existence d'une classe dominante homogène (Dahl, 1990). Dahl nous invite tout d'abord à ne pas confondre un potentiel d'influence avec une capacité d'influence réelle. Supposons, écrit-il, qu'un ensemble d'individus influents soient d'un avis semblable sur un problème à résoudre. Supposons également qu'ils soient en mesure de faire prévaloir leur opinion pour autant qu'ils agissent de manière concertée. Ces individus constituent potentiellement un groupe influent et puissant. Mais encore faut-il qu'ils unissent leurs efforts pour que leur potentiel d'influence s'actualise avec succès. Dans une société complexe moderne, il n'est pas douteux qu'il existe de nombreux groupes de ce genre. Ainsi, dans une collectivité donnée, on peut imaginer que des hommes d'affaires influents unis aux dirigeants des partis politiques les plus importants disposent, ensemble, d'un potentiel d'influence élevé. Encore faut-il qu'ils désirent unir leurs efforts et qu'ils s'organisent pour le faire. Le potentiel d'influence n'est donc pas identique à l'influence réelle (Dahl, 1990, p. 63). Les militaires américains, en dépit de possibilités objectives, semblent peu soucieux de s'organiser pour monopoliser le pouvoir exécutif dans leur pays. Il n'est pas entièrement exclu que certains d'entre eux ne rêvent parfois à une aventure de coup d'état. Mais aucune des conditions n'existe pour que de telles velléités se transforment en action réelle. Un groupe peut avoir un potentiel d'influence élevé mais une faible propension à l'unité d'action. La capacité d'influence réelle, en conclut Dahl, est fonction non seulement du potentiel d'influence mais aussi du potentiel d'unité et d'action coordonnée. Une autre erreur possible, selon Dahl, consiste à tirer des conclusions hâtives de la capacité d'influence inégale des différents groupes sociaux. Que la capacité d'influence soit inégalement répartie ne permet pas de conclure à l'existence d'une « classe dirigeante » ayant en tout temps et à tout propos une capacité d'influence s'exerçant toujours dans le même sens (*ibid.*). Le jeu des influences et des possibilités d'action peut être très fluctuant. Enfin, une troisième erreur à éviter consiste à généraliser abusivement à partir d'une forme d'influence et d'un domaine d'influence. Rien ne permet de penser, estime Dahl, qu'une influence élevée dans un domaine entraîne le même degré d'influence dans d'autres domaines (*ibid.*, p. 63-64).

Ces considérations poussent Dahl à se montrer critique à l'égard de Mills qui lui paraît sous-estimer la diversité des groupes influents et conclut, imprudemment à son avis, à l'existence d'une couche dirigeante défendant une hiérarchie d'intérêts unique et clairement identifiable. Pour lui, la capacité d'influence des différents groupes ne peut qu'être un problème de recherche empirique. Il faut tout d'abord définir ces groupes avec une précision opératoire. Il faut ensuite raisonner sur une série d'études de cas permettant d'établir la volonté qui a prévalu dans chaque cas. Seule la découverte d'un biais systématique, orientant toujours les décisions dans le sens des mêmes intérêts, suggérerait l'existence d'une classe dirigeante en mesure de faire prévaloir son point de vue contre tous les autres. En l'absence d'une telle cohérence empiriquement constatée, on doit s'en tenir à la constatation d'élites aussi diversifiées que peut l'être une société moderne.

La diffusion des innovations

Une manière d'apprécier la capacité d'influence d'une élite quelconque est d'examiner le rôle qu'elle est à même de jouer dans la diffusion d'une innovation, que celle-ci soit d'ordre matériel ou d'ordre socioculturel. On sait que le phénomène de diffusion des innovations est un processus collectif de type « épidémiologique » qui se représente par un courbe logistique en forme de S (Mendras et Forsé, 1983, chap. 3). C'est d'ailleurs l'allure de cette courbe qui permet de conclure que le phénomène est collectif et ne se réduit pas à une succession de décisions individuelles sans influence du contexte social. Si c'était le cas, la courbe se ramènerait à une droite d'inclinaison variable ; aucun mécanisme d'influence diffuse du milieu ne viendrait susciter des courbures transformant la droite en courbe logistique. Le processus de diffusion représenté par la courbe met en scène des catégories d'acteurs aux caractéristiques différentes (voir le schéma)

Schéma 1. processus de diffusion d'une innovation

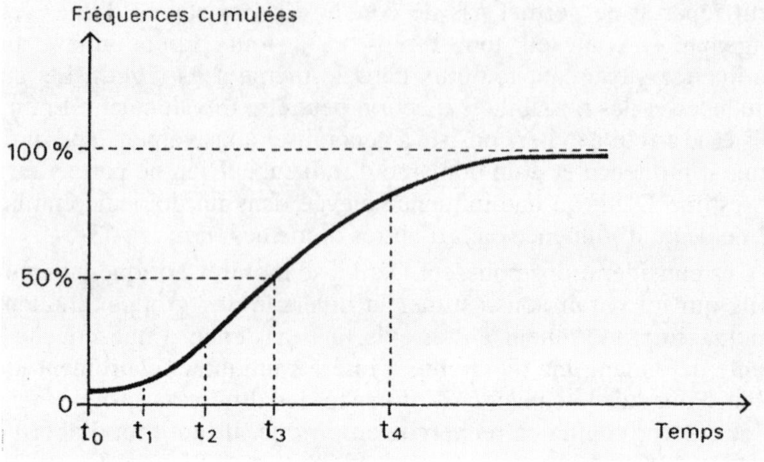

Source : Henri Mendras et Michel Forsé, *Le Changement social*, Paris, Armand Colin, 1983, p. 75.

Les « pionniers » sont les premiers à adopter l'innovation entre t_0 et t_1. À leur suite, les « innovateurs » s'y rallient entre t_1 et t_2, exerçant une influence autour d'eux ; on peut dire qu'ils « font école. » Suivent alors une « majorité précoce » entre t_2 et t_3, une « majorité tardive » entre t_3 et t_4, et enfin les « retardataires. » Comme le notent Mendras et Forsé, « pour l'observateur, les jeux sont faits en t_2 » (*ibid.*, p. 75-77). Ce sont donc les « innovateurs » qui jouent un rôle décisif en la matière. Qui sont-ils ? L'accumulation de recherches empiriques à ce sujet permet de conclure qu'ils ont un statut social élevé, à la différence des « pionniers » qui sont « d'un niveau social plus proche de la moyenne. » Leur statut leur confère un rôle de guides d'opinion et il sont en mesure de légitimer l'innovation aux yeux de leurs concitoyens (*ibid.*, p. 78-79). La distance sociale entre la minorité des « innovateurs » et la masse appelée à lui emboîter le pas est une variable d'importance cruciale. Une certaine distance confère la respectabilité qui assure l'influence mais une distance trop grande découragerait l'imitation. Dans les sociétés de type traditionnel, ce sont des « notables » qui se profilent comme les « innovateurs » en puissance. Dans les sociétés modernes diversifiées, on retrouve un des volets de la double définition parétienne : on a affaire à des élites multiples qui exercent leur influence dans des domaines très divers. Ainsi, une étude de Katz et Lazarsfeld (1964) sur les mécanismes de choix a permis de distinguer des réseaux d'influence différents, notamment pour « les achats ménagers », pour « la mode vestimentaire » et pour « les affaires civiques et politiques. » Pour ces dernières, le statut social et le degré de participation sociale sont des critères d'influence décisifs (Mendras et Forsé, 1983, p. 83).

Conflit, compétition, coalitions : la polyarchie

Dans une société moderne complexe, l'élite dirigeante est diversifiée et comporte des groupes qui défendent des intérêts spécifiques. Ainsi, les élites économiques et les élites politiques sont aux prises avec des enjeux différents et se réclament de légitimités particulières. Dans la gestion courante, elles entretiennent néanmoins des relations très étroites. Dès lors, un changement notable affectant l'une de ces deux élites ne peut qu'avoir des effets en retour sur l'autre.

• *Le cas de la France*

En 1981, en France, la victoire électorale de la gauche a entraîné un renouvellement du personnel politique. Des chercheurs se sont interrogés sur les conséquences que ce renouvellement pouvait entraîner sur les stratégies du monde patronal (Bauer, 1985.) Un changement de cet ordre peut « être à l'origine d'une redéfinition, partielle ou totale, des alliances et coalitions qui structurent les élites au pouvoir ». Et c'est une telle redéfinition qui semble de prime abord la conséquence la plus probable. On ne peut cependant exclure « qu'un tel changement ne puisse pas coexister avec la reproduction et/ou la consolidation des dynamiques sociales antérieures » (*ibid.*, p. 263). Comme le note Bauer, les faits ont montré qu'il fallait abandonner la conceptualisation simpliste « d'une classe dirigeante structurée par une élite économique réputée homogène », et d'une « élite politique qui défendrait ou mettrait en cause les prérogatives des détenteurs du pouvoir économique » (*ibid.*, p. 269.) Les dirigeants du patronat tout comme les responsables politiques ont – les uns et les autres quoique de manière différente – à agir dans un champ de tensions entre « conservation » et « transformation » de l'ordre social. Et de part et d'autre, les « moder-nisateurs » s'opposent aux « conservateurs ». Car cette opposition se retrouve au sein du monde patronal comme dans la classe politique (*ibid.*, p. 265-266). En 1981-1982, la classe dirigeante semblait profondément et durablement divisée. Pourtant, derrière une façade d'affrontements manichéens, des mouvements en sens divers se manifestèrent dans chacun des camps en présence. « Certaines alliances se défont. De nouvelles coalitions se forment. De nouveaux clivages structurent peu à peu les élites dirigeantes du pays » (*ibid.*, p. 267-268). Avec un certain recul, on aperçoit un contraste entre la situation des années 1980 et celle du début des années 1970 ; ce contraste semble l'indice d'une transformation « de la dynamique des rapports sociaux ». Concrètement, certaines impulsions au changement cessent d'être provoquées par les revendications des classes inférieures mais sont au contraire propagées depuis l'élite au pouvoir. Quant aux résistances au changement, elles sont moins le fait d'une élite établie résistant à une contestation venue d'en bas que des couches sociales inférieures s'efforçant de défendre leurs acquis. Outre les effets de la crise économique, on peut voir dans cette évolution, le résultat de « l'accès à des postes d'influence, voire de pouvoir » d'hommes qui auparavant s'étaient plutôt trouvés du côté contestataire et qui viennent renforcer les actions émanant des milieux dirigeants (*ibid.*, p. 306).

Selon Birnbaum, avec la victoire de la gauche en 1981, des changements se sont produits dans le recrutement des élites politiques. Pour reprendre les termes de Bourdieu et Passeron (1964), la proportion de « boursiers » dans le personnel politique a augmenté au détriment de celle des « héritiers », même quand il s'agit de diplômés des grandes écoles. Les hauts fonctionnaires issus de l'ÉNA ont fait place auprès d'eux à des nouveaux venus ayant une autre formation, formés notamment par des études littéraires. Les enseignants du secondaire ou du supérieur ont également renforcé leur présence. Comme le note Birnbaum, on doit donc convenir que « ce ne sont pas toujours les mêmes qui gouvernent » et il serait excessif de dire que des « énarques roses » ont simplement remplacé les « énarques d'antan » (Birnbaum, 1985, p. 307). Les théoriciens classiques des élites n'ont d'ailleurs jamais prétendu que ce sont toujours les mêmes qui sont au pouvoir : ils ont suggéré au contraire qu'une élite nouvelle, confrontée à des contraintes structurelles, finit toujours par adopter des comportements semblables à ceux de l'élite qu'elle a évincé. Dans la conjoncture politique étudiée par Birnbaum, le nouveau personnel politique est plus nettement marqué par l'engagement politique ou syndical. La composition des cabinets ministériels est caractéristique à cet égard. On continue à y trouver nombre de fonctionnaires issus des Grands Corps mais on y trouve aussi des membres des professions libérales et des personnes issues du monde syndical et associatif. C'est dire que des représentants de milieux qui étaient restés jusqu'alors « en marge du pouvoir politique » se sont hissés jusqu'à « un niveau très élevé sinon les plus important du pouvoir » (*ibid.*, p. 308). Cependant si l'ampleur de certains changements est bien réelle, la permanence de la logique étatique et de son emprise reste tout aussi nette. On ne peut pas dire que les caractéristiques des nouveaux venus dans les cercles du pouvoir se traduisent par des comportements nouveaux ou de nouvelles manières de concevoir leurs rôles. C'est plutôt l'inverse qui semble s'être produit : le personnel politique nouveau semble s'être conformé aux modèles de comportement que les institutions leur offraient. Les membres des cabinets ministériels sont vite gagnés par une conception technocratique du « service public » et font plus volontiers appel à des arguments d'ordre technique qu'à des considérations politiques ou idéologiques. Les nouveaux venus s'identifient rapidement aux intérêts et points de vue de leur administration et tendent à les faire prévaloir sur les affinités politiques. Tout s'est donc passé comme si « la force des institutions, le caractère décisif du fonctionnement de la structure étatique » avait limité considérablement « le poids de l'événement » pourtant non négligeable qu'avait constitué « le changement de majorité politique ». De façon plus générale, la nouvelle majorité n'a pas bouleversé les cadres de la haute fonction publique. Il n'y eut rien qui ressemblât au *spoil system* : le système des dépouilles à l'américaine (*ibid.*, p. 309). Les changements dans l'élite politique n'ont donc pas entraîné une modification des rôles politiques et administratifs. Ni une logique partisane ni, de façon plus générale, les valeurs politiques n'ont en fin de compte été déterminantes dans l'action des nouvelles élites. Celles-ci, confrontées aux pesanteurs institutionnelles, se sont coulées dans des rôles préformés (*ibid.*, p. 310-311).

• *Le cas de la Grande-Bretagne*

La logique étatique qui pèse sur les comportements des individus et des groupes plonge ses racines dans l'histoire. Selon Stanworth et Giddens (1974), l'évolution de la configuration des élites en Grande Bretagne ne se comprend que sur l'arrière-plan du développement de l'industrie au XIXe siècle. De tous les pays européens, la Grande-Bretagne s'est engagée la première dans la voie de l'industrialisation. Pourtant, l'entrepreneur ou le dirigeant d'entreprise n'y avait pas un statut particulier en tant que tel. De ce point de vue, l'évolution sociale britannique se distingue de deux cas extrêmes entre lesquels elle se situe. Il ne s'y est pas créé une « une éthique des affaires » où le succès dans les affaires confère un prestige particulier, comme, par exemple, aux

États-Unis. On n'y a pas trouvé non plus une situation où une nouvelle élite industrielle est tenue à l'écart par une élite traditionnelle fondant son influence sur la propriété foncière. En Grande-Bretagne, on a assisté au contraire à un processus d'adaptation réciproque entre les élites établies et les élites émergentes, dont on ne trouve guère d'exemple dans les autres pays. Ce processus adaptatif fut rendu possible par le processus de socialisation offert par le système des *public schools*, ultérieurement en conjonction avec les études poursuivies à Oxford ou à Cambridge : la formation « Oxbridge » (Stanworth et Giddens, 1974, p. 99). La persistance des titres aristocratiques n'est pas seulement une survivance de l'ordre ancien ; ce fut un puissant moyen d'intégration sociale. Si on compare la situation britannique avec la situation aux États-Unis, on constate que s'est développée dans ce dernier pays une « aristocratie des affaires » alors que se produisait en Grande-Bretagne une double évolution : les hommes d'affaires étaient annoblis alors que les nobles se faisaient hommes d'affaires. Dans les termes de nos auteurs, « Britain made both gentlemen of businessmen… and businessmen of gentlemen » (*ibid.*, p. 99-100). En dépit des tensions qui s'élevèrent entre les deux groupes, on trouvait au début du XXe siècle, en Grande-Bretagne, une élite unifiée et fermement établie (*ibid.*, p. 100.) Il peut être question d'une élite unifiée car on y trouve une élite économique dont l'origine et la formation ne diffèrent pas significativement de celles des élites politiques, administratives ou religieuses. Après la Deuxième Guerre mondiale, une certaine diversification s'est opérée, sans qu'on puisse y voir l'indice d'une transformation significative (*ibid.*, p. 101).

• *La notion de polyarchie*

Quels que soient les rapports entre élites en présence, on a proposé de qualifier les régimes pluralistes de polyarchies plutôt que de démocraties. Cette notion s'inscrit dans un schème de classification proposé par Robert Dahl (Dahl, 1971, p. 5-16). Cette classification des régimes politiques – et du rôle des élites politiques correspondantes – est fondée sur deux dimensions distinctes : la contestation et la participation. Ces deux notions qui sont indépendantes l'une de l'autre même s'il peut arriver qu'elles coïncident, définissent un espace à deux dimensions (voir schéma 2).

Schéma 2. Deux dimensions théoriques de la démocratisation

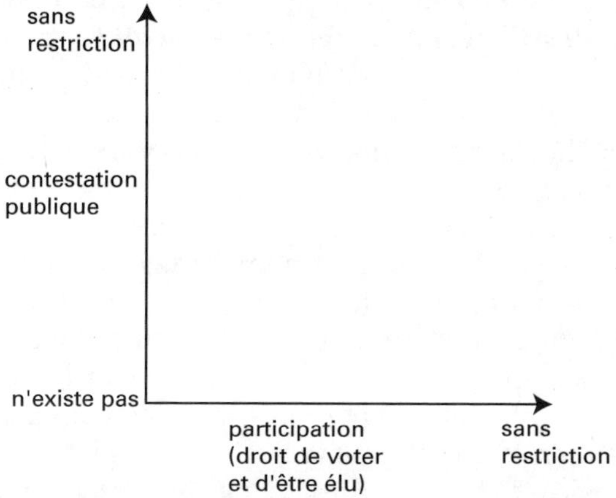

Source : Robert Dahl, *Polyarchy. Participation and Opposition*, New Haven, Yale University Press, 1971, p. 6.

L'émergence de possibilités de contestation d'un régime n'est pas identique à l'élargissement des possibilités de participation aux processus institutionnels définis par ce régime : ce sont bien là deux aspects différents se concrétisant par des processus différents. Les mouvements sur les deux axes « contestation » et « participation » définissent des portions d'un espace à deux dimensions qui sont occupées par des régimes différents (voir schéma 3).

Schéma 3. Libéralisation, inclusion et démocratisation

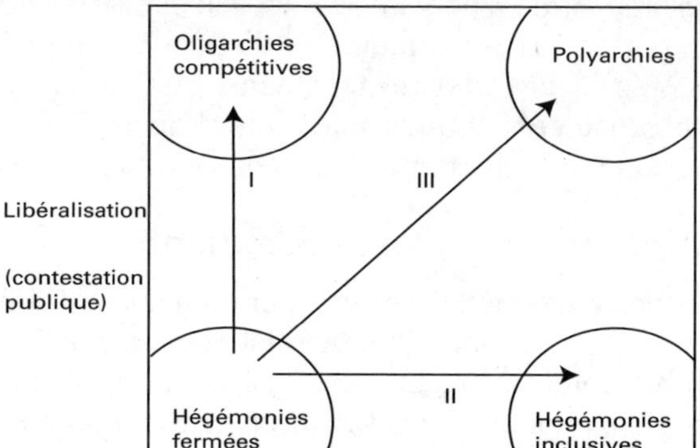

Source : Robert Dahl, *Polyarchy, op. cit.*, p. 7.

Le régime situé dans le coin inférieur gauche du tableau ne comporte aucune possibilité de participation ni de contestation. C'est ce que Dahl qualifie d'hégémonie fermée (*closed hegemony*) Si le régime se libéralise et tolère de plus en plus de formes de contestation publique, on se déplace le long du cheminement I pour aboutir, dans le coin supérieur gauche, à une situation où plusieurs oligarchies sont en compétition ; on se trouve donc en présence d'oligarchies compétitives (*competitive oligarchies*) Si l'hégémonie fermée élargit sa base et s'ouvre à davantage de participation mais sans augmentation des possibilités de contestation, on se déplace alors vers la droite sur l'axe horizontal, le long du cheminement II, pour aboutir à une hégémonie plus ouverte, une hégémonie qu'on qualifiera d'inclusive (*inclusive hegemony*). Tout changement comportant simultanément une augmentation de la participation et une augmentation des possibilités de contestation doit être considéré comme impliquant un certain degré de démocratisation ; il peut être représenté par un déplacement diagonal, le long du cheminement III, pour aboutir au coin supérieur droit. On serait donc tenté de réserver cette portion d'espace pour la démocratie. Dahl préfère cependant utiliser le terme de polyarchie (*polyarchy*) car, selon lui, « dans le monde réel, aucun système de grande dimension n'est complètement démocratisé » (Dahl, 1971, p. 8). Sous-jacente à cette distinction terminologique, on trouve donc une conception comparable à celle de Joseph Schumpeter ou de Raymond Aron, selon laquelle l'idéal de la démocratie se traduit empiriquement par des régimes ou des élites sont en compétition pour le pouvoir. Dahl s'explique à ce sujet. Observant que certains lecteurs résisteront certainement à l'idée d'utiliser le terme « polyarchie » en lieu et place de « démocratie », il estime important de « maintenir la distinction entre la démocratie comme système idéal et les arrangements institutionnels qui en sont venus à être considérés comme une sorte d'approximation imparfaite de cet idéal, comme l'expérience le montre » (*ibid.*, p. 9).

La formation de « complexes dominants »

Il arrive que des élites hétérogènes, opérant dans des domaines d'activité différents, forment une alliance relativement stable et créent ainsi un « complexe dominant ». Le degré de cohésion d'un tel complexe n'est pas suffisant pour permettre d'en parler comme d'une classe dominante ou d'une classe dirigeante. Des échelles de valeurs différentes, des hiérarchies de préoccupations différentes, maintiennent la spécificité de ces élites mais un intérêt commun les rassemble, parfois de manière très forte. C'est ce que Charles Wright Mills a cru pouvoir observer dans une certaine mesure aux États-Unis à propos de l'armée, de l'économie et de l'administration publique, comme on l'a vu au chapitre précédent. Dans la phase de l'histoire des États-Unis étudiée par Mills, l'élite du pouvoir a tous les traits d'un « complexe dominant » relativement stable. Mais Mills ne va pas jusqu'à en traiter en termes de classes, sauf pour dire que l'élite du pouvoir a conscience d'elle-même et qu'on peut lui prêter l'équivalent d'une conscience de classe.

De manière prêtant beaucoup moins à discussions de nos jours, l'existence d'un « complexe dominant » a longtemps caractérisé le régime communiste en Union Soviétique. Une « formule politique » englobant un ensemble de prescriptions idéologiques relatives à l'organisation de la vie économique conférait un rôle dirigeant au Parti communiste. Un monolithisme apparent était ainsi maintenu par l'adhésion formelle à l'idéologie d'État (Coenen-Huther, 2000, p. 136-137). Il en est résulté la théorie trotskiste de l'apparition d'une nouvelle classe à caractère bureaucratique. Pourtant, quand la « formule politique » soviétique perdit de sa crédibilité se profilèrent trois segments de l'élite dirigeante, étroitement imbriqués certes mais néanmoins distincts : le Parti Communiste de l'Union Soviétique, le KGB et le complexe militaro-industriel (Albats, 1995, p. 261-262). En mars 1990, lorsque fut abrogé l'article 6 de la Constitution soviétique légitimant le rôle dirigeant du Parti, l'effacement institutionnel du PCUS comme pouvoir fédérateur se fit au profit d'autres éléments de l'oligarchie dominante : les responsables des organes de sécurité et les dirigeants d'importants secteurs de l'appareil économique (*ibid.*, p. 264). Des divergences d'intérêts bien réelles et des hiérarchies de préoccupations différentes se firent alors jour de manière très nette et parfois extrêmement brutale. La lutte d'influences entre les divers segments autonomisés de l'ancienne couche dirigeante n'est d'ailleurs pas terminée, ni en Russie ni dans les autres républiques de l'ex-URSS. Il fallut donc l'ébranlement d'abord, l'effondrement ensuite, du régime soviétique pour que se renforce la vision parétienne de la diversité des couches dirigeantes – inspirée de la « diversité des multiples groupes sociaux » (Pareto, 1916, § 2025) – plutôt que la conception d'un monolithisme totalitaire ayant fait complètement disparaître la spécificité des différents segments de l'élite.

Plusieurs auteurs ont cru déceler en France, dans un contexte politique et institutionnel complètement différent – un régime pluraliste ouvert à la compétition libre des élites – l'émergence graduelle d'un « complexe dominant » qui serait le produit d'un système de formation réunissant les candidats à des postes de haut rang dans l'administration publique et les futurs cadres supérieurs du secteur privé. On l'a fait remarquer à mainte reprise, les Grandes Écoles, en particulier l'École Polytechnique et l'École Nationale d'Administration, « jouent un rôle fondamental dans la formation d'une large partie de la classe dirigeante française » (Birnbaum *et al.*, 1978, p. 125). Ces institutions forment « une fraction de plus en plus importante des élites administratives, politiques et économiques du pays » comme en témoigne « la place considérable occupée dans la classe dirigeante française par les membres des grands corps d'État [...] l'inspection des Finances, le Conseil d'État et la Cour des Comptes, pour les corps qui recrutent à la sortie de l'ÉNA, le Corps des Mines et le Corps des Ponts et Chaussées à la sortie de Polytechnique » (Bauer et Bertin-Mourot, 1997, p. 48). Il en résulte qu'une proportion non négligeable des cadres supérieurs du secteur public et du secteur privé ont été marqués par des expériences socialisatrices communes assurant « une vision du monde uniforme, une grande compétence et le sens aigu d'une efficacité [qui se croit] politiquement neutre » (Birnbaum, 1977, p. 61). Ceci assure une « liaison étroite entre le monde des affaires et le personnel supérieur de l'appareil d'État » et une « véritable interchangeabilité de certaines fractions de l'espace dirigeant » (Birnbaum *et al.*, 1978, p. 81). En dépit de renversements de majorité politique parfois spectaculaires, ce qui était vrai il y a un quart de siècle reste vrai à l'heure actuelle : les grands corps d'État restent des « viviers privilégiés de dirigeants d'entreprise » et les phénomènes de migrations vers le secteur privé ont une telle stabilité qu'on a pu qualifier l'ÉNA de « véritable *business school* » (Bauer et Bertin-Mourot, 1997, p. 52). L'homogénéité de la formation et l'interpénétration des carrières dans le secteur privé et dans le secteur public semble avoir une double conséquence. D'une part, elles assurent une adhésion à l'ordre social existant (Suleiman, 1978, 1979, p. 89). D'autre part, elles transforment peu à peu la notion de « service public » en la soumettant à un impératif de « compétence technique » qui n'est pas sans rappeler à certains égards l'idéologie technocratique née dans les années 1930 et ressurgie après la Deuxième Guerre mondiale (Birnbaum *et al.*, 1978, p. 84-85).

L'élitisme républicain

Dans notre modèle de l'élitisme républicain, les véritables viviers qui produisent les plus hauts fonctionnaires de l'État, les responsables politiques les plus en vue et les dirigeants des entreprises les plus importantes sont à chercher dans la botte

de l'X et de l'Ena [...] Deux des quatre présidents de la Ve République française, la majorité des Premiers ministres des deux dernières décennies, l'immense majorité des plus hauts fonctionnaires du pays et plus d'un tiers des dirigeants de nos deux cents plus grandes entreprises (la moitié des dirigeants des plus grandes banques, plus de 40 % des patrons des cinquante plus grandes entreprises industrielles, et les deux tiers parmi les vingt plus grandes) sont ainsi issus de viviers qui sélectionnent et forment, autour de vingt-cinq ans, moins de soixante-dix personnes par an, soit 0,01 % de chaque génération.
Assurer le renouvellement d'une fraction aussi importante de nos élites administratives, politiques et économiques avec un vivier aussi restreint et aussi précoce, assure à la France un record mondial qui n'a à ce jour jamais été égalé dans des pays développés.

Michel Bauer et Bénédicte Bertin-Mourot, « La triple exception française. À propos de la formation des élites », *Esprit*, 1997, n° 10, p. 50.

Les élites du pouvoir et les élites de la notoriété

Si l'excellence et la prééminence sont les notions-clés qui ne cessent de revenir à l'esprit lorsqu'il est question d'élites, les manières d'apprécier l'une et l'autre sont extrêmement variées comme on a déjà eu l'occasion de le constater. En outre, les différents domaines d'activité sont inégalement valorisés. Pendant plus d'un siècle, les échelles de prestige sont restées relativement stables, qu'il s'agisse d'activités d'ordre intellectuel, artistique, ludique ou sportif. La capacité d'une couche sociale privilégiée à faire prévaloir ses goûts et à conférer une portée universelle à ses préférences n'était guère remise en question. Cette capacité était l'indice clair de l'existence d'une classe sociale – la bourgeoisie – qui avait acquis une position dominante dans tous les domaines de la vie. Bien sûr, on pouvait ne pas adhérer à ses jugements de goût – préférer l'accordéon à des instruments plus nobles – mais on se disqualifiait ainsi en tant que guide d'opinion.

L'ébranlement des élites traditionnelles

Depuis quelques décennies, l'influence grandissante des médias, principalement audiovisuels, a largement « contribué à brouiller les échelles de valeurs traditionnelles » (Boudon et Bourricaud, 1982, p. 215). Des phénomènes historiquement nouveaux comme le développement des arts de masse ou des sports de masse, répercutés par les médias, ont suscité de nouvelles échelles d'appréciation. Il en est résulté l'apparition de nouvelles élites qui ne sont plus de façon directe des élites du pouvoir mais bien, avant tout, des élites de la notoriété. Ces élites de la notoriété s'imposent par les techniques du vedettariat. On songe ici en premier lieu aux vedettes des spectacles de variétés ou aux vedettes du sport de compétition. L'excellence dans des domaines autrefois jugés mineurs leur confère une renommée éclipsant largement celle d'élites plus traditionnelles. Certes, le pouvoir qui en découle n'est qu'un pouvoir de fascination. Mais cette énorme emprise sur de larges secteurs de l'opinion a des effets de contagion bien réels. Le vedettariat gagne des secteurs qu'on aurait pu tenir pour immunisés à cet égard et la fuite des universitaires vers ce que Raymond Boudon appelle « le second marché des intellectuels » en est un indice parmi d'autres. « L'universitaire » écrit Boudon « rêve [...] de devenir le penseur, le gourou, dont le Tout-Paris parlera pendant quelques mois au moins. » Il se crée ainsi un « système de vedettariat » qui tend à créer « des situations de type monopolistique. » Mais, ajoute Boudon, « il s'agit d'un monopole du prestige et non d'un type de monopole incluant le contrôle des ressources symboliques et matérielles ». Il en résulte que les « mandarins » d'autrefois sont remplacés par « des gourous » (Boudon, 1979, p. 92). Le pouvoir de fascination des élites de la notoriété assure également aux vedettes du sport et des médias un rôle de modèle culturel qui inquiète les éducateurs. Aux yeux des jeunes générations en effet, « chanteurs aux cachets stupéfiants, sportifs aux salaires mensuels de millionnaires » acquièrent « le prestige de l'argent vite gagné et sans diplôme. » En lieu et place de la réussite scolaire et des voies classiques de promotion sociale, le succès des « stars de toutes catégories » fait rêver et apparaît comme « la voie royale » tant du point de vue des gratifications symboliques que des gratifications matérielles (Roussel, 2001, p. 63 et 95).

Une revendication de légitimité nouvelle

La compétition des élites du pouvoir et des élites de la notoriété s'inscrit de nos jours dans le cadre plus large d'un ébranlement général des institutions établies. À la légitimité offerte autrefois par le respect de normes institutionnelles dans la sphère du politique s'oppose actuellement une revendication de légitimité nouvelle, assurée par le recours direct à l'opinion publique, au mépris de l'équilibre traditionnel des pouvoirs propres aux régimes de démocratie libérale. On peut y voir la réalisation de la prophétie tocquevillienne selon laquelle les démocraties modernes sont vouées à subir de manière croissante le règne de l'opinion. Les médias jouent certainement un rôle dans cette évolution en imposant, selon la formule de Bourdieu, les règles du champ journalistique à d'autres domaines d'activité. Mais le phénomène ne saurait être réduit à une « médiatisation » de l'espace public. Des groupements nés en marge des organisations et associations traditionnelles ont compris le parti qu'il pouvaient tirer de la publicité assurée par les médias à condition que leurs actions prennent un caractère spectaculaire. Des alliances se sont alors créées entre des acteurs qui ont compris que le pouvoir naît actuellement de la notoriété. Un exemple en est fourni par ce qu'Alain Minc, dans un style pamphlétaire, qualifie de « Sainte Alliance entre juges et journalistes » (Minc, 2002, p. 196). Dépouillé de ses aspects polémiques, la thèse de Minc porte sur la convergence d'intérêts entre juges d'instruction et journalistes d'investigation. Les uns et les autres élargissent leur espace de liberté en se servant de la caisse de résonance médiatique et en s'alimentant mutuellement en faits de nature à faire progresser l'enquête. Le processus a eu des répercussions indirectes sur le plan législatif, notamment pour ce qui est du financement des partis politiques et de leurs dépenses électorales. En revanche, la conséquence fâcheuse de cette alliance de fait entre le pouvoir judiciaire et les médias est de soumettre tout cas en examen au « tribunal de l'opinion » avant même que l'instruction ait été menée à son terme. La présomption d'innocence à laquelle tout prévenu a droit avant une condamnation éventuelle devient dans ces conditions une garantie dérisoire. Cette convergence d'intérêts entre juges et journalistes a sa logique propre. Pour continuer à bénéficier de l'appui des médias et de la protection ainsi offerte, le magistrat instructeur ne peut qu'alimenter toujours davantage « la machine médiatique ». Pour continuer à bénéficier de la collaboration bienveillante du magistrat, le journaliste ne peut que difficilement résister à donner une importance démesurée aux informations qui lui sont communiquées. Cette évolution alimente à son tour une revendication de transparence qui, dans des limites raisonnables, relève d'une saine conception de la démocratie, mais qui, en l'absence de garde-fous déontologiques suffisants, met le citoyen à la merci d'un lynchage moral. On se trouve alors dans une situation où « la publicité des plaintes pénales ouvre un débat devant l'opinion publique, en préalable à la moindre procédure ». Du point de vue institutionnel, on pourrait s'acheminer ainsi vers « une société où les jeux de pouvoirs et contre-pouvoirs ne s'exerceraient plus entre institutions mais entre citoyens » (Minc, 2002, p. 196-215). Ce serait le passage du pouvoir de l'opinion à la tyrannie de l'opinion contre laquelle Tocqueville nous mettait en garde.

Démocratie de confrontation et démocratie d'imputation

Pierre Rosanvallon définit le processus qui vient d'être évoqué comme le passage d'une « démocratie de confrontation » à une « démocratie d'imputation ». La démocratie de confrontation est un régime où la compétition des partis entretient un débat public structuré par des programmes ou des projets. Ce système politique est actuellement en crise. Le brouillage des repères du débat politique a donné lieu à une démocratie d'imputation où l'on ne juge plus des programmes ou des projets mais bien des personnes ; « on passe ainsi d'un régime politique de la responsabilité à un régime individuel de la responsabilité » (Rosanvallon, 1997, p. 60). Il s'agit en fait d'un retour à une situation vieille de deux siècles, où la pensée libérale n'avait pas encore établi clairement la distinction entre le jugement des personnes et le jugement des politiques. Cette évolution a pour conséquence « la mise en jugement permanent des responsables politiques » et a donc une très grande influence sur la situation actuelle des élites. L'influence des médias renforce ce « régime d'accusation des personnes » mais ne le crée pas (*ibid.*, p. 61). Dans ce contexte nouveau, on assiste à un phénomène d'« unification des élites » résultant, non pas d'une appropriation du pouvoir mais bien de l'effondrement des structures intermédiaires offertes par le syndicalisme et la vie associative sous toutes ses formes. Il en résulte un déclin des élites spécialisées liées à ces corps intermédiaires. À cela s'ajoute « qu'historiquement tout le système français a poussé à ce qu'il y ait une élite unique » (*ibid.*, p. 62). Depuis la fin de l'Ancien Régime, l'évolution politique française s'est orientée vers « une définition rationaliste de la démocratie ». On n'y cultive pas une conception de la démocratie fondée sur la « confrontation des intérêts » ou la « négociation des demandes et des besoins » ; on entend se fonder sur « une image objective de l'intérêt général », résultant non pas de la confrontation des points de vue mais bien de l'appréhension par la raison. À la différence de la conception britannique de la démocratie, fondée sur « l'expansion des libertés individuelles » et sur la « représentation politique des différences sociales », le modèle républicain français est axé sur un projet rationalisateur. Et l'objectif du « gouvernement rationnel » explique en grande partie « l'organisation des grandes écoles » et, plus généralement, le système français de formation des élites (*ibid.*, p. 62-63). Cet objectif du gouvernement rationnel rend compte du type d'élite qui occupe les postes de direction de la politique et de l'économie, mais il aide également à comprendre pourquoi cette élite fait l'objet d'une contestation de plus en plus vive. L'ambition réformiste ne peut reposer comme autrefois sur un volontarisme politique ou technocratique. Dans le climat de suspicion créé par la « démocratie d'imputation », il ne peut que se fonder actuellement sur « la capacité à remodeler les compromis sociaux » (*ibid.*, p. 65). Faire réussir une réforme de nos jours, ce n'est plus seulement y consacrer les ressources budgétaires suffisantes, c'est lui donner une chance d'aboutir en la négociant avec succès et en la faisant accepter par les groupements concernés. Les élites gouvernementales françaises y ont été moins bien formées que celles d'autres pays européens.

L'évolution du rapport à la norme

Cette interprétation de l'évolution en cours peut se réclamer de la théorie de David Riesman, telle qu'il l'exposa dans *The Lonely Crowd* (1950). Ce qu'offre Riesman, dans une perspective historique à long terme – conférant trop d'importance à la variable démographique – c'est une théorie de l'évolution du rapport à la norme. Dans les sociétés de type traditionnel, l'ordre social présente une stabilité relative. Les processus de socialisation ont pour effet d'inculquer une obéissance quasi automatique aux normes établies et aux autorités constituées. C'est l'époque de l'homme dit *tradition-directed* ou « à détermination traditionnelle ». Sa conformité est dictée par des relations de pouvoir « qui existent depuis des siècles et que la succession des générations n'a que peu, ou pas, modifiées » (Riesman, 1964, p. 32). Avec l'avènement de la modernité apparaissent de nouvelles méthodes éducatives qui entraînent l'intériorisation des contrôles et de nouveaux modes de conformité. On voit alors apparaître au XIXe siècle l'individu *inner-directed* ou « intro-déterminé » qui a fortement intériorisé une série de normes de comportement. Pour cet individu, « la source de la détermination est "intérieure", en ce sens qu'elle est inculquée très tôt par les aînés et orientée vers des buts généraux mais néanmoins inévitables » (*ibid.*, p. 37). La société environnante présente « un large choix de fins » mais l'individu, une fois orienté vers certaines fins et vers certains moyens de les atteindre, ne reviendra guère sur cette orientation. Il donne l'impression d'être mû par une boussole interne. À mesure que le contrôle social exercé par le groupe primaire se relâche, s'élabore en effet « un nouveau mécanisme psychologique, adapté à une société plus ouverte » que Riesman aime à qualifier de « gyroscope psychologique » (*ibid.*, p. 38). Le type social le plus représentatif de l'intro-détermination est l'individu animé par l'éthique protestante, décrit par Max Weber. À mesure que la société industrielle évolue vers une société de consommation apparaît une

« nouvelle classe moyenne » hédoniste, plus éloignée des valeurs traditionnelles, moins imbue de l'éthique du travail et préoccupée davantage de consommation et de bien-être. C'est alors l'apparition de l'individu *other-directed* ou extro-déterminé, beaucoup plus attentif aux attentes du milieu social dans lequel il évolue et très dépendant de lui. Ce type social présente un comportement plus grégaire et est fortement influencé par les moyens de communication de masse. Pour Riesman, « tous les extro-déterminés ont ceci en commun que l'attitude de l'individu est orientée par ses contemporains – ceux qu'il connaît personnellement, et même ceux qu'il ne connaît qu'indirectement, par l'intermédiaire d'un ami ou des communications de masse ». Il en résulte « une stricte conformité de comportement, non pas tant par une discipline consciente que, surtout, par une exceptionnelle sensibilité aux actes et désirs des autres » (*ibid.*, p. 45).

Comparés entre eux, les trois types diffèrent par la nature de la sanction du comportement hors norme. L'individu à détermination traditionnelle ressent de la honte vis-à-vis de ceux qui attendent de lui un comportement admissible. L'individu intro-déterminé, obéissant à son « pilote interne », ressent un sentiment de culpabilité s'il s'écarte de la voie tracée, « que ce soit en réponse à une impulsion personnelle ou aux voix fluctuantes de ses contemporains ». L'individu extro-déterminé « apprend à réagir aux signaux » d'un environnement social beaucoup plus large que le milieu des parents et des proches. Son principal levier psychologique est « une angoisse diffuse » face aux sollicitations de tous ordres dont il est la cible (*ibid.*, 49-50). Dans ce contexte nouveau, les institutions autrefois centrales ont perdu de leur emprise sur l'individu. C'est son groupe d'appartenance qui devient l'instance la plus influente, ce qui conduit droit au communautarisme. Les différents groupes en présence se centrent sur la défense d'intérêts catégoriels. Les choix politiques sont de plus en plus des compromis entre différents centres de décision. Les élites dirigeantes perdent de leur pouvoir et en sont réduites à la négociation des compromis. Les groupes de pression acquièrent énormément d'influence au point qu'on peut se demander s'il existe encore une classe dirigeante. La confusion de la structure du pouvoir contribue à orienter les individus extro-déterminés vers une attitude de consommateur. La politique elle-même devient un objet de consommation et les idées sont tenues pour de « simples opinions ». L'individu extro-déterminé, « quand il s'occupe de politique, le fait par l'intermédiaire d'un groupe de pression » auquel il laisse passivement le soin de défendre ses intérêts (*ibid.*, p. 279-295).

La « révolte » des élites

Le processus d'ébranlement des institutions et des élites établies décrit plus haut trouve un écho dans le dernier livre de Christopher Lasch, *La Révolte des élites* (1996). Le titre de l'ouvrage est volontairement inspiré de celui d'Ortega y Gasset, *La Révolte des masses* (1937). Le terme « révolte » doit être compris ici sur le mode ironique. Il est question d'élites qui se refusent désormais à jouer un rôle de magistère moral et qui « se révoltent » à l'idée d'une telle obligation. Pour Lasch, si l'ordre social et la civilisation occidentale pouvaient être menacés autrefois par « la révolte des masses », c'est à présent « la révolte des élites » qui constitue le principal danger. À l'époque où écrivait Ortega, on considérait généralement que les élites culturelles avaient une responsabilité particulière qui consistait à « assumer la responsabilité des normes astreignantes sans lesquelles la civilisation est impossible ». Ceci exigeait des contraintes et les élites « vivaient au service d'idéaux exigeants » impliquant une stricte sélection des fins et des moyens (Lasch, 1996, p. 38). De nos jours, les élites, imprégnées d'une sensibilité hédoniste « libérale-libertaire » se voient appelées à « élargir le champ du choix personnel dans des questions où la plupart des gens éprouvent le besoin de disposer de solides orientations morales » Aussi, le fossé va grandissant entre les nouvelles élites du pouvoir, de la richesse et de la notoriété, et la masse des gens ordinaires, beaucoup plus attachée aux repères moraux traditionnels, qui se méfie de l'emprise croissante des experts (*ibid.*, p. 58). Ceci implique pour Lasch la nécessité d'une refondation de l'idée même de démocratie. C'est « une erreur de fonder la défense de la démocratie sur la fiction sentimentale qui veut que les gens soient tous pareils ». En fait, « les gens n'ont pas tous les mêmes capacités » et il faut le reconnaître en toute lucidité. C'est donc « la citoyenneté qui confère l'égalité et non pas l'égalité qui crée un droit à la citoyenneté » (*ibid.*, p. 97). La démocratie ne peut non plus se résumer à une attitude de tolérance : « faute de normes communes », la tolérance devient indifférence. « La suspension de tout jugement éthique » et le renvoi facile à « une pluralité d'engagements éthiques » ont pour conséquence que « nous n'exigeons rien de personne et ne reconnaissons à personne le droit d'exiger rien de nous ». Lorsque les élites cessent de se vouloir comme groupes d'influence, c'est un étiolement du social et un appauvrissement des formes de vie commune qui en résultent.

Chapitre 4

Essais de typologie et approches empiriques

L'usage très fréquent du pluriel suggère un ensemble composite, fait de groupes distincts. On peut dès lors être tenté de se donner une définition englobante qui rende compte de tous les aspects de l'objet. Ainsi, pour Hans Dreitzel, « une élite est formée de ceux qui – occupant les positions les plus élevées dans un groupe, une organisation ou une institution – ont atteint ces positions principalement grâce à une sélection de capacités personnelles. Ils ont du pouvoir ou de l'influence en raison du rôle lié à leur position. Au-delà de leurs intérêts de groupe, ils contribuent directement au maintien ou au changement de la structure sociale et des normes qui la sous-tendent. Leur prestige leur permet de jouer un rôle de modèle contribuant, à partir de leur groupe, à influencer normativement le comportement d'autres. » (Dreitzel, 1962, p. 3). Une définition de ce genre ne fait évidemment que reproduire la confusion qu'elle tente de surmonter et ne contribue guère à clarifier les questions théoriques et méthodologiques qui se posent. Les divers essais de typologie et les travaux empiriques portant sur des objets soigneusement circonscrits visent à dissiper l'impression de complexité insurmontable suscitée par les théories à visée générale.

L'élite : un objet socialement préconstruit

Il est vrai, comme le note Lewandowski, que la « diversité phénoménale » des élites semble s'imposer à tout observateur (Lewandowski, 1974). Pour cet auteur, le principe de la complémentarité des fonctions de toute société ne suffit cependant pas à penser cette diversité. Pour construire un concept scientifique, il ne suffit pas de tenter d'éliminer les jugements de valeur. Ainsi, la démarche proposée par Pareto – former « une classe de ceux qui ont les indices les plus élevés dans la branche où ils déploient leur activité » et donner « à cette classe le nom d'élite » – n'a de sens que si l'on peut préciser comment attribuer les indices et comment pondérer les branches d'activité. Faut-il, par exemple, sélectionner « l'écrivain d'avant-garde reconnu dans un cercle très restreint, le membre de l'Académie Française ou bien l'écrivain dont les tirages sont les plus élevés ? » En d'autres termes, quel groupe de référence choisit-on et à qui laisse-t-on le soin de juger de l'excellence ? En outre, quelle place faut-il accorder aux différents domaines ? Faute d'une réponse, fondée en théorie, à la question du principe de notation et à celle du principe de pondération des branches d'activité, « l'élite demeure un objet socialement préconstruit » (*ibid.*, p 44). Et quand on se demande qui y inclure, on est inévitablement amené à devoir préciser « aux yeux de qui ? ». Ceci revient à dire que la notion d'élite renvoie à « l'image sociale de l'élite ».

Pour Lewandowsi, étudier l'élite signifie donc étudier à la fois « le processus de constitution sociale de l'élite et le résultat de ce processus ». À cet égard, l'ouvrage de référence *Who's Who in France* fournit un exemple très intéressant d'une « approximation de l'image sociale de l'élite pour la classe dirigeante » ou en tout cas pour une fraction importante de celle-ci (*ibid.*, p. 45). À la différence du *Bottin mondain* « qui cherche à rassembler plutôt les familles de la haute société mondaine, et correspond à la notion de groupe de statut », le *Who's Who* vise à sélectionner dans tous les domaines « ceux qui font effectivement quelque chose, les meilleurs ou du moins ceux qui sont reconnus comme tels, et correspond plutôt dans son projet à la notion parétienne d'élite (dans toutes les branches, les indices les plus élevés) » (*ibid.*, p. 47). Une chose doit cependant être soulignée : l'éditeur du *Who's Who* reconnaît explicitement « ne faire qu'enregistrer un jugement social préexistant ». Comme on le verra plus loin, la méthodologie des études d'élite distingue le plus souvent trois critères pour sélectionner des personnalités : la position, la réputation et la prise de décision. On peut en effet sélectionner les personnalités d'après leur position institutionnelle mais on peut aussi les sélectionner en fonction de leur réputation de pouvoir, comme l'a fait Floyd Hunter (Hunter, 1953) ou en examinant leur influence sur un certain nombre de décisions importantes dans plusieurs domaines, à la manière de Robert Dahl (Dahl, 1961). Un dictionnaire biographique comme le *Who's Who* correspond à « quelque chose de plus vague, plus proche de la définition générale de l'élite que donne Pareto. En outre, c'est avec beaucoup plus d'empirisme que s'effectue, dans ce cas, la sélection. Les renseignements de la notice sont fournis essentiellement par les personnalités elles-mêmes en réponse à un questionnaire envoyé par l'éditeur. Diverses nomenclatures et la presse permettent de décider à qui le questionnaire sera envoyé. Un petit nombre de personnalités situées « à un très haut niveau de réputation » ou dans certaines positions institutionnelles éminentes (Sénat, Chambre des députés, Cour des Comptes, Conseil d'État, Institut, etc.) sont cependant considérées comme « indispensables » et si la personnalité néglige de répondre au questionnaire, l'éditeur entreprend alors de rédiger lui-même la notice (*ibid.*).

On voit donc toute l'ambiguïté de ce processus de sélection. La sélection du *Who's Who* suppose un « jugement social préexistant » mais le *Who's Who* se situe à la fois en amont et en aval. Il est utilisateur de données mais il est lui-même source d'information. Il participe donc à « ce processus d'ensemble de définition sociale de l'élite » (*ibid.*, p. 48-49). Les différents secteurs d'activité ne sont pas également représentés dans le *Who's Who* et ceci correspond à une dissymétrie fondamentale. L'agriculture, l'industrie et le commerce sont sous-représentés. Ceci implique qu'on ne peut se donner des branches d'activité indépendamment de toute hiérarchie sociale. La simple comparaison du taux de représentation du monde artistique et de celui du monde industriel fait ressortir « le caractère sociologiquement abstrait » de toute distinction en secteurs d'activité économique qui serait séparée de l'indication du niveau social où elle a été définie. Un industriel n'est pas le plus habile des ouvriers mais bien le propriétaire ou le gestionnaire des moyens de production. Inversement, un artiste n'est recensé comme tel que s'il a déjà suffisamment réussi pour essayer de vivre de son art. Il en va de même des sportifs qui ne sont recensés qu'à partir d'un certain niveau de performance et de réputation. La distinction en secteurs et la stratification ne peuvent donc pas être considérées comme deux variables indépendantes (*ibid.*).

Pour rendre compte de l'évidente diversité des catégories participant de la notion d'élite, sans pour autant se laisser prendre au piège de la très forte diversité, on peut, bien sûr, adopter une procédure analytique et se donner une série de définitions correspondant aux différentes facettes de l'objet à définir.

Les élites : critères de classification

C'est une telle démarche qu'a adoptée le sociologue allemand Günter Endruweit dans un texte de synthèse qui s'appuie notamment sur les travaux d'Urs Jaeggi (1967) et qu'on adopte ici comme fil conducteur (Endruweit, 1998, p. 245-269). On peut ainsi distinguer les élites porteuses de valeurs (*Wertelite*), les élites fondées sur les performances (*Leistungselite*), les élites par position (*Positionselite*), les élites du pouvoir (*Machtelite*) et les élites de fonction (*Funktionselite*). Nul doute que dans l'étude de groupes empiriquement observables, ces différents éléments de classification ne soient appelés à se combiner, à se superposer, voire à se substituer l'un à l'autre. Néanmoins, comme on le verra plus loin, c'est précisément dans la pratique de la recherche que ces critères prennent leur signification et gagnent à être envisagés séparément. Il n'est donc pas sans intérêt de les passer en revue et de les soumettre à un examen critique.

Les élites porteuses de valeurs

Il peut être question d'une *élite porteuse de valeurs* quand ses membres, de par leur formation ou leurs activités, peuvent être associés aux valeurs dominantes d'une société. Selon le type de société considérée, il pourra donc s'agir d'un groupe religieux, de personnalités du monde de la culture, mais aussi de membres de mouvements politiques ou sociaux. Tout au long du XIXe siècle, la conception traditionnelle de l'élite d'Ancien Régime persista. C'est notamment la conception de Le Play qui ne définit les élites – « les autorités sociales » – que par référence aux valeurs d'Ancien Régime. « Les Autorités sociales », écrit Le Play, « se reconnaissent, en tous lieux, aux mêmes caractères. Elles gardent religieusement la Coutume des ancêtres pour la transmettre aux descendants. Elles sont unies à leurs ouvriers par les liens de l'affection et du respect. Dans toutes les contrées et dans toutes les professions, elles n'ont pas seulement la même pratique : elles résolvent de la même manière les questions de principe qui donnent lieu de nos jours à des discussions sans fin ; et cet accord même est le plus sûr critère de la vérité » (Le Play, 1941, II, p. 15). Dans cette optique, en opposition aux conceptions saint-simoniennes, la principale fonction des élites est la conservation et la restauration d'un ordre social stable par la remise en honneur des valeurs traditionnelles. À la même époque, du côté républicain, l'accent est mis sur la responsabilité des élites dans l'éducation des masses. Mais on y enregistre un glissement de l'idée d'élite politique vers celle d'élite administrative, orientée vers le service efficace de l'État dans la continuité. Cette continuité, estime-t-on, c'est l'élite administrative qui peut l'assurer et non la classe politique, en raison de l'instabilité politique et institutionnelle et du manque de consensus quant à la forme de gouvernement. Cette instabilité a pour conséquence qu'une élite politique ne peut pas être définie par la participation au gouvernement. En revanche, l'administration forte de son idéologie du service public s'impose peu à peu comme l'incarnation de l'État. Cette évolution a également conféré un prestige inégalé à l'élite intellectuelle, vouée à des valeurs hautement valorisées – la connaissance et l'intelligence – et qui apparaît comme une forme d'élite républicaine par excellence puisqu'elle fait l'objet d'une sélection tenue pour démocratique, basée sur le concours et qu'elle assume une fonction démocratique, à savoir la dissémination du savoir (Clifford-Vaughan, 1960, p. 328).

Dans une société pluraliste et laïque, la notion d'élite porteuse de valeurs pourra correspondre tout simplement à ce que l'usage commun qualifie de « personnes les plus cultivées ». Cependant, la faiblesse majeure de ce critère est d'être inextricablement lié à d'autres critères, très hétérogènes : l'autorité morale, la notoriété, la fortune, mais aussi la capacité de coercition. En outre, il conduit assez facilement à la recherche, non sociologique ou présociologique, « des meilleurs », au sens de la philosophie platonicienne. Dès lors, on s'éloigne de toute possibilité de préserver une forme quelconque de neutralité axiologique. À cet égard, Endruweit fait état d'un exemple où le terme « élite » est délibérément lié à un jugement de valeur ; il s'agit d'un texte relatif à la tentative de coup d'état anti-hitlérien du 20 juillet 1944 où la révolte contre Hitler est décrite comme « une révolte de l'élite contre le détenteur du pouvoir » (Gerstenmaier, 1958, p. 1691). Cette formule rassemble précisément de façon implicite plusieurs des critères hétérogènes masqués par la notion de « catégories cultivées » d'une population. La conjuration du 20 juillet regroupait en effet des hommes bénéficiant d'une autorité morale incontestable et des hommes – indispensables dans ce genre d'entreprise – disposant d'une capacité de coercition. Les uns et les autres disposaient en outre de ressources symboliques et matérielles qui en faisaient typiquement des notables.

Ceci nous rappelle que les valeurs particulièrement honorées dans une société particulière – pouvoir, richesse, talent, savoir, etc – ne sont pas sans lien avec le type de personnes considérées comme particulièrement aptes à diriger la société. Dès lors, que ceux qui sont appelés à des postes de direction soient aussi les principaux bénéficiaires de l'ordre social est une conséquence hautement probable de leur recrutement et ce serait surprenant seulement si cela ne se produisait pas. Mais à mesure que le temps passe, des élites nouvelles se succèdent alors que de nouvelles valeurs, correspondant à de nouveaux besoins sociaux, acquièrent la priorité. Dès lors, le processus de formation des élites est dicté par la nécessité de voir arriver à des postes de responsabilité des individus porteurs des valeurs prioritaires et des capacités et attitudes qui leur sont liées. Donc, d'une certaine façon, les élites ne sont pas sélectionnées mais émergent d'un processus de transformation sociale alors que de nouvelles valeurs en viennent à constituer des bases de pouvoir. Le processus d'émergence des élites est universel bien qu'il puisse être facilité ou, au contraire, bloqué par la structure d'opportunités qui prévaut. Cette structure d'opportunités n'est évidemment pas neutre et elle est elle-même fonction de la distribution des valeurs à un moment donné. Les systèmes démocratiques diffèrent des autres systèmes de gouvernement en ce sens qu'ils cherchent à réduire les biais inhérents à la structure d'opportunités (Eulau, 1976, p. 24).

Les élites fondées sur les performances

On a fréquemment tenté de circonscrire les élites en se donnant une définition fondée sur le *niveau de performance*, étant entendu qu'il s'agit le plus souvent de l'aptitude à la performance et non de sa réalisation effective (Endruweit, 1998, p. 253). De cette façon, on retombe sur une des deux définitions parétiennes et l'on se donne pour objectif de concilier l'usage du pluriel avec un critère unificateur. Néanmoins, le problème est ici celui de l'incommensurabilité des différents secteurs d'activité et de leur valorisation inégale. Toute tentative de classement global en arrive dès lors *nolens volens* à combiner un critère de performance avec un critère de valeur : celui de la valeur attribuée à l'activité qui fait l'objet de la performance. Il faut noter également que certains secteurs d'activité se prêtent mieux à des opérations de mesure univoque que d'autres. Il en résulte que ce sont les élites du sport – c'est-à-dire les sportifs de haut niveau – qui se laissent le plus facilement repérer sur la base exclusive de leurs performances (*ibid.*, p. 254). Dans d'autres secteurs d'activité, le niveau de performance de membres de l'élite n'est pas directement mesurable. Il ne peut que se déduire du fonctionnement de l'organisation ou de l'institution au sein de laquelle ces individus sont actifs. Il va de soi que le niveau de performances des élites est relatif et doit être apprécié en fonction de l'époque et du contexte. Comme le rappelle Svalastoga en faisant référence à des situations observées dans des pays en voie de développement, on peut considérer le fait de savoir lire comme un critère d'appartenance à l'élite tant que ceux qui savent lire constituent moins de 10 % de la population (Svalastoga, 1969, p. 15).

Les élites par position

En dépit des ambiguïtés créées par les interférences de l'excellence et de la prééminence, une approche sociologiquement tentante est celle qui consiste à prendre pour point de départ de l'analyse des positions dans une structure. On met ainsi en évidence des *élites par position.* C'est le cas lorsque une élite est définie comme un groupe occupant des positions stratégiques qui lui permettent d'exercer une influence perceptible sur des processus de prise de décision. La position stratégique est alors liée à un statut traduisant la valeur qu'on lui attribue. Les symboles de statut, le prestige, les privilèges deviennent autant de signes distinctifs de l'élite. Bien entendu, ce mode de définition ne peut en aucune façon résoudre le problème de la relation entre excellence et prééminence dans la mesure où il privilégie d'emblée la prééminence. C'est toutefois celui qui se prête le mieux à l'approche modélisatrice suggérée par Lopreato et Alston, en référence à l'œuvre de Pareto.

Pour certains auteurs néanmoins, une étude strictement descriptive des élites, fondée sur la position – qui semble être pourtant un élément purement factuel – n'échappe pas à l'incorporation d'un jugement de valeur implicite (Clifford-Vaughan, 1960). En effet, une telle démarche se base nécessairement sur la présupposition que les élites peuvent réellement être définies en termes de positions, c'est-à-dire qu'il y a des élites du pouvoir qui soient tout à la fois des aristocraties de l'influence, de la richesse et du rang social. Un telle conception ne peut cependant pas être tenue pour universelle. Dans certains pays, elle prédomine, il est vrai. Le pouvoir entraîne le prestige car il y a un large consensus à propos de la structure politique et économique ainsi qu'une complète unanimité quant aux valeurs sous-tendant l'action des élites institutionnalisées. Dans d'autres pays au contraire, il n'existe pas d'accord fondamental concernant la forme de gouvernement ou l'organisation de la production. Dès lors, le statut n'entraîne pas la reconnaissance sociale implicite, soit en raison d'un manque de confiance dans les valeurs entretenues pas les institutions, soit en raison d'un scepticisme plus général à l'égard de toute hiérarchie établie. Dans une société où le pouvoir est considéré comme une source de corruption, le détenteur du pouvoir peut inspirer divers sentiments, dont la crainte, mais il n'inspire pas le respect et ne suscite pas un sentiment de légitimité. Pourtant, souligne Clifford-Vaughan, le prestige est autant que le pouvoir un attribut de n'importe quelle élite car seul le prestige peut garantir une véritable stabilité. L'approche dite « objective » des élites implique que le pouvoir crée le prestige. En revanche, elle ne tient pas compte des cas où, pour des raisons qui tiennent à l'histoire et au jeu des institutions, les éléments de pouvoir et de prestige sont séparés. Cette séparation a pour conséquence une dissociation entre la position occupée et l'appartenance à une élite acceptée par la collectivité dans son ensemble (*ibid.*).

Pour Clifford-Vaughan, la France fournit un exemple d'une telle dissociation. Les conséquences idéologiques et politiques à long terme de la Révolution française ont empêché la création d'une élite politique stable et largement reconnue. De manière plus générale, les personnes situées au sommet des diverses hiérarchies ne sont pas unanimement reconnues comme les membres d'une élite. La classe politique n'a jamais cessé de faire l'objet d'une méfiance assez largement répandue. La hiérarchie militaire et la hiérarchie ecclésiastique ont été regardées de longue date avec la suspicion qu'entraîne l'idéologie républicaine. L'élite des affaires est considérée comme se livrant à des activités productives mais peu respectables. Aucune valeur n'est acceptée universellement, aucune fonction n'est considérée sans discussion comme prééminente, aucun statut ne garantit la reconnaissance générale. Le débat à ce sujet ne cesse de rebondir. Dans un tel cas de figure, les élites peuvent difficilement être définies par des positions dans des hiérarchies. En France, la tentation est donc grande de remplacer la description des élites reconnues par la recherche incessante d'élites dignes de ce nom. La parabole de Saint-Simon est typique d'une attitude consistant à opposer de « véritables » élites à des élites « apparentes ». Les élites apparentes sont des élites définies par des critères objectifs de position alors que les élites tenues pour réelles sont celles qui remplissent des fonctions considérées comme essentielles. Dans le cas de la France, on peut défendre l'idée que la réticence à admettre la position comme critère d'appartenance à une élite est une conséquence lointaine de la Révolution française qui ne fut pas une simple accélération de la circulation des élites mais bien une véritable substitution d'élites. Dans ce processus, c'est moins le changement dans la composition sociale des élites qui se révéla important, que le changement dans l'échelle des valeurs et dans les fonctions remplies. Néanmoins, la hiérarchie moderne des valeurs et des fonctions ne se substitua pas complètement à l'ancienne. En dépit de la tentative de synthèse napoléonienne, les deux conceptions ne s'amalgamèrent jamais dans un compromis durable et restèrent en compétition pour la reconnaissance sociale. On se trouve donc dans une société où les activités et attributions des élites prêtent plus à controverse que leur composition.

Les élites du pouvoir

Une dimension qui s'impose à l'esprit lorsqu'on tente une classification des élites est celle du pouvoir. On sera ainsi tenté de parler d'*élites du pouvoir*, sans qu'il faille nécessairement adopter la thèse de Charles Wright Mills sur la solidarité de fait des différentes élites – politiques, économiques ou militaires – unies par leur participation directe ou indirecte au pouvoir gouvernemental (1969). L'usage du pluriel est justifié ici par l'ambiguïté de la notion de pouvoir. On peut – on doit – en effet distinguer avec François Chazel un pouvoir relationel et un pouvoir substantialiste (Chazel, 1992, p. 199). Le pouvoir de type relationnel s'exerce tout d'abord dans une situation d'interaction en y introduisant une asymétrie relationnelle, mais il déborde ensuite le cadre de la relation initiale pour susciter, dans des formes plus complexes d'action organisée « une dépendance mutuelle et déséquilibrée des acteurs » (Friedberg, 1993, p. 116). Lorsque l'asymétrie s'inscrit dans la durée et dans l'espace, elle devient la source d'un pouvoir substantialiste, c'est-à-dire transitif : un pouvoir qui peut se transmettre d'un échelon à l'autre d'un appareil administratif ou d'un point à l'autre d'un territoire. Les élites, définies par le pouvoir, apparaissent de prime abord comme des groupes à même d'exercer avec succès un pouvoir substantialiste ; elles détiennent tout simplement les leviers de commande. Mais les membres des élites en question peuvent également être caractérisées par un avantage stratégique acquis ou transmis : celui de pouvoir s'imposer et imposer leur volonté dans des contextes relationnels divers. La thèse de Charles Wright Mills sur la cohésion relative de la *power elite* repose d'ailleurs en partie sur l'exercice combiné de ces deux formes de pouvoir. De façon plus générale, la distinction entre pouvoir relationnel et pouvoir substantialiste renvoie à l'opposition entre les mécanismes formels et informels dans les différentes variétés d'action organisée. Les détenteurs d'un pouvoir substantialiste incontesté sont les membres d'une élite établie dont le statut repose sur des critères formels. Les bénéficiaires d'un pouvoir relationnel peuvent chercher à s'imposer sur le mode informel, comme membres d'une contre-élite ou d'une élite ascendante. Arrivent-ils à solidifier leur position, leur pouvoir s'affirme alors de façon de plus en plus formelle et acquiert peu à peu les caractéristiques d'un pouvoir substantialiste.

Des historiens lient l'apparition progressive d'une élite du pouvoir spécifique, dans l'ordre du politique, au processus historique de la construction de l'État-nation. À l'origine, au XIIIe siècle, « la notion abstraite, impersonnelle d'État » n'existait que de façon très limitée, le « service de l'État » s'identifiait alors le plus souvent avec « le service d'une dynastie ». Les personnalités dirigeantes qui soutenaient les dynasties lors de crises politiques « faisaient de la croissance du pouvoir étatique leur cause personnelle » (Reinhard, 1996, p. 9). Ce sont ces individus qu'on peut convenir d'appeler « élites du pouvoir ». Leur orientation est exclusivement politique mais on ne peut les définir par une « position donnée au sein d'un système politique ». Leurs fonctions évoluent à mesure que l'appareil étatique se consolide. Ces personnes « peuvent être issues des couches supérieures de la hiérarchie des fortunes, ou de la hiérarchie du prestige, ou bien des deux. » Il est toutefois plus fréquent que ce soit précisément « les services rendus au souverain et à l'État qui jettent les fondations de la richesse et du prestige de ces hommes » (*ibid.*, p. 10). Il y a, bien sûr, d'autres élites dans le société – économiques, religieuses, intellectuelles – mais l'élite du pouvoir conserve sa spécificité dans l'ordre du politique.

Pour l'étude des élites politiques considérées comme des « élites du pouvoir », Lasswell suggère d'adopter le postulat selon lequel tout acteur social en interaction avec d'autres cherche à maximiser par son action ou par des pratiques institutionnelles, des résultats valorisés (*value outcomes*.) Pour les besoins de l'analyse, Lasswell distingue huit catégories de résultats valorisés qui peuvent entrer en ligne de compte : les résultats des actions en termes de pouvoir, de savoir, de richesse, de bien-être, de qualifications, d'affection, de respect et de rigueur morale (Lasswell, 1965, p. 8). Les élites étant caractérisées comme les groupes influents, on pourrait distinguer des niveaux d'influence différents par rapport à chaque catégorie de résultats valorisés. Néanmoins, pour Lasswell, on peut sans trop de risques faire une « hypothèse d'agglutination », à savoir qu'une personne qui occupe une position au sommet par rapport à l'une des valeurs a de fortes chances d'occuper une position tout aussi favorable par rapport à d'autres valeurs. L'élite du pouvoir, comme toutes les autres élites, a un potentiel d'influence important. Ce qui la distingue en revanche des autres élites, c'est qu'elle dispose de sanctions spécifiques, fondées sur le monopole de la violence légitime. Mais ce potentiel d'influence déborde toujours du domaine valorisé, strictement considéré. Il en va de même pour toute autre élite. L'élite de la fortune, par exemple, dispose de possibilités d'influence qui débordent le domaine de la vie économique. Les différentes valeurs distinguées par Lasswell peuvent jouer un rôle quand on s'interroge sur l'appartenance de classe des élites politiques. Un résultat fréquent des recherches portant sur les élites est que les détenteurs des postes administratifs les plus élevés et les dirigeants politiques de haut niveau ont été exposés dans leurs années de formation à la « culture de classe » de l'élite du pouvoir. Ce résultat est sujet à des interprétations différentes car ce n'est pas toujours la même valeur qui semble en cause. Être le descendant d'une vieille famille aristocratique, par exemple, ne signifie pas – ou pas nécessairement – être le descendant d'une famille riche. En fait, observe Lasswell, l'ambition de nombre de dirigeants politiques semble avoir été stimulée par une écart entre leur statut, comme membre d'une famille prestigieuse, et leurs ressources matérielles. Leur trajectoire était ainsi dominée par une tension entre la valeur de « respect », dû au prestige de leurs origines, et la valeur de « richesse matérielle » pouvant tout au plus être considérée comme un but à atteindre (*ibid.*, p. 13). Parmi les facteurs contextuels qui doivent être pris en considération pour repérer les membres actuels ou potentiels de l'élite, on doit faire appel à la notion de crise. Lorsqu'une crise de quelque nature que ce soit affecte le corps social, certains groupes y réagissent plus efficacement que d'autres parce que leur échelle de valeurs et leur formation les prédisposent tout particulièrement à affronter la situation ainsi créée. Ce peut être le moment de l'émergence d'une nouvelle élite qui tend à remplacer l'élite ayant réagi à la crise de façon moins vigoureuse ou moins adéquate (*ibid.*, p. 15).

Les élites de fonction

Comme le fait observer Endruweit, la notion d'*élite de fonction* est étroitement liée à celle d'élite du pouvoir (Endruweit, 1998, p. 258). Le pouvoir, quelle que soit l'acception du terme retenue, est ce qui permet d'exercer une influence sur le déroulement des événements. Qui n'exerce pas d'influence ne dispose que de l'apparence du pouvoir. Or dans chaque domaine d'activité, des individus exercent une influence décisive sur les processus sociaux en cours. On peut y voir les membres d'une élite en raison de la fonction qu'ils assument et qui leur permet d'exercer cette influence. Il suffit donc de se demander sur quoi leur pouvoir est basé et sur quoi il s'applique pour en arriver à différents domaines fonctionnels qui définissent des élites de fonction. Parmi les élites de fonction, certains auteurs distinguent plus spécialement des *élites de représentation*. Ce sont des élites dont la tâche première est la représentation des voeux et aspirations de certains groupes (Schluchter, 1963, p. 255). Il s'agit bien d'une fonction à remplir, mais d'une fonction d'un type particulier. On attend en effet d'une élite de représentation qu'elle mette à jour les intérêts latents d'un groupe, qu'elle contribue à les formuler de manière cohérente et qu'elle en tire un projet politique réalisable. Entre l'élite de représentation et le groupe dont elle se fait le porte-parole s'instaure un lien comportant un élément utilitariste mais également une composante émotionnelle marquée (*ibid.*).

Au cours des années 1960, Nicole Delruelle-Vosswinkel a mené en Belgique une étude sur ceux qu'elle a appelé « les notables » et sur l'accès à « la notabilité » envisagé dans une perspective de mobilité sociale. L'auteur écarte d'emblée le concept d'élite jugé trop flou (Delruelle-Vosswinkel, 1972, p. 6) mais les notables dont il est question correspondent à une élite « par la fonction » (*ibid.*, p. 280). Environ 60 % des notables ayant participé à l'enquête exerçaient à ce moment une fonction d'importance plus ou moins équivalente à celle de leur père, dans le même secteur d'activité ou dans un autre. Environ 40 % d'entre eux, au contraire, avaient effectué une ascension sociale, leur fonction étant plus importante que celle de leur père. Ces catégories de notables sont représentées très différemment selon le secteur d'activité. Dans les milieux économiques (grandes entreprises, banques, holdings, sociétés financières), on a affaire à une hiérarchie que l'auteur qualifie de « ploutocratique », où l'ascendance familiale joue un rôle important par la transmission de propriété. À cette hiérarchie fondée sur la richesse et les liens familiaux vient toutefois se juxtaposer une hiérarchie de *managers* plus ouverte (*ibid.*, p. 279). Dans la magistrature, la diplomatie, les beaux-arts, les professions libérales et, dans une certaine mesure, l'enseignement supérieur prévaut une logique de reproduction fondée largement sur une tradition familiale. D'autres secteurs d'activité sont beaucoup plus ouverts à la mobilité inter- et intragénérationnelle : ainsi en va-t-il de l'administration publique, des organismes para-étatiques, des partis politiques, des organisations syndicales et du clergé (*ibid.*, p. 280). À la différence de Lewandowski, Nicole Delruelle-Vosswinkel n'a utilisé le *Who's Who* que de manière tout à fait marginale. Son intérêt se portant sur la manière dont « se répartissent les individus dans la structure formelle des rôles que la société leur offre » (*ibid.*, p. 108), la liste des personnalités à soumettre à l'enquête a été établie à partir de nomenclatures offrant des critères objectifs, à savoir l'annuaire administratif et judiciaire de Belgique, le *Moniteur* (c'est-à-dire le Journal Officiel de Belgique), le *Memento des valeurs boursières*, les annuaires des partis politiques et des organisations syndicales, le répertoire du Ministère de la Défense nationale et l'annuaire des avocats (*ibid.*, p. 108-111).

Comme on l'a noté plus haut, c'est dans la pratique de la recherche empirique que les différents critères qui viennent d'être brièvement évoqués prennent leur signification stratégique. Le terme « élite », qu'il soit utilisé au singulier ou au pluriel, ne peut pas ne pas nous confronter à quelques questions très générales portant sur les individus ou les groupes qui supplantent tous les autres en termes de pouvoir, d'influence ou de notoriété. Et ceci ne peut que nous ramener encore et toujours aux relations entre l'excellence et la prééminence. Mais dès qu'on se met en devoir de résoudre des problèmes concrets de recherche, il peut y avoir intérêt à sélectionner telle ou telle caractéristique du groupe considéré, particulièrement pertinente en raison de la question qu'on se pose. Si, par exemple, une recherche porte sur l'importance de l'universalisme ou du particularisme dans l'orientation aux valeurs d'une société donnée, on peut vouloir centrer son attention sur une élite en tant que catégorie sociale porteuse de valeurs. On peut également être amené à privilégier un critère d'identification particulier en raison du matériau de recherche sur lequel on travaille. Lorsqu'on ne dispose que de données statistiques récoltées à d'autres fins que celles de la recherche, on est tout naturellement conduit à privilégier la notion d'élite par position car c'est celle qui s'accorde le mieux avec les éléments d'information accessibles.

Les dimensions d'analyse pertinentes

Au-delà des critères de classification qu'on vient de passer en revue, il est utile de définir des dimensions pouvant constituer des axes pour l'analyse sociologique.

La base conceptuelle d'Anthony Giddens

Selon Anthony Giddens, trois dimensions élémentaires doivent être prises en considération : le recrutement aux postes occupés par les élites, la structure des groupes appartenant à l'élite, la distribution du pouvoir parmi les membres de l'élite (Giddens, 1990). Le mode de recrutement peut varier selon une dimension *d'ouverture/fermeture*. La procédure de recrutement peut attirer des individus de différents milieux socio-économiques ou au contraire être limitée à des personnes issues des classes privilégiées de la population. Néanmoins, même dans le cas d'un recrutement relativement fermé, il existe des voies typiques de mobilité au sein des classes privilégiées. S'agissant de la structure des élites, il y a lieu de s'intéresser au *niveau d'intégration sociale* ainsi qu'au *niveau d'intégration morale*. Par intégration morale, il faut entendre la mesure dans laquelle les membres de l'élite ont des idées communes, des conceptions morales communes ainsi que le sentiment d'une solidarité qui les unit. L'intégration sociale repose sur la nature et la fréquence des relations et contacts sociaux entre les différents groupes appartenant à l'élite. Ces contacts peuvent prendre diverses formes, y compris l'existence de relations personnelles, la formation de relations d'amitié ou la conclusion de mariages entre membres de différents groupes appartenant à l'élite. Dans la plupart des cas, intégration morale et intégration sociale vont de pair, l'une renforçant l'autre. Ce n'est cependant pas toujours le cas. On peut envisager une élite moralement homogène qui ne constitue pourtant pas un segment social très intégré. En général, cependant, on peut sans problème parler de faible ou de forte intégration de l'élite, sans spécification. Pour ce qui est de la distribution du pouvoir, deux questions doivent retenir l'attention : d'une part la diffusion du pouvoir dans la société et la mesure dans laquelle le pouvoir effectif est concentré entre les membres de l'élite, d'autre part, la spécificité du pouvoir exercé par l'élite, en d'autres termes la gamme des questions sur lesquelles le pouvoir de l'élite peut effectivement s'exercer. Dans les sociétés modernes, le pouvoir des élites est généralement limité par la définition stricte des domaines dans lequel ce pouvoir peut s'exercer.

En combinant les dimensions mentionnées, Giddens arrive à une typologie qui peut servir de cadre conceptuel pour l'étude des élites. Pour Giddens, une élite *uniforme* est une élite qui combine une procédure de recrutement relativement fermée avec une forte densité de contacts en son sein. Les deux dimensions ne sont pas indépendantes l'une de l'autre. En effet, un système de recrutement relativement fermé comporte une forte probabilité d'induire un processus de socialisation cohérent ayant pour résultat un degré élevé d'intégration de l'élite. Il y a néanmoins des cas où un système de recrutement relativement fermé n'entraîne pas un degré élevé d'intégration. C'est ce que Giddens appelle une élite *établie*. Lorsque le système de recrutement est ouvert, on peut se trouver confronté à une élite fortement intégrée – une élite *solidaire* selon Giddens – ou à une élite faiblement intégrée : une élite *abstraite* dans les termes de Giddens. L'élite abstraite correspond à l'image que les théoriciens du pluralisme des élites présentent des sociétés occidentales. L'élite solidaire se rencontre dans les pays organisés selon un modèle autoritaire ou totalitaire, où le parti au pouvoir assure l'accès à l'élite de membres des catégories sociales inférieures tout en stimulant un degré élevé d'intégration morale et sociale. Ce fut le cas du régime soviétique. Une autre typologie utile pour l'analyse peut être obtenue en combinant la diffusion du pouvoir (centralisé ou diffus) avec son domaine d'application (restreint à certains domaines.) Pour Giddens, l'exercice du pouvoir est *autocratique* quand il est centralisé et qu'il n'est pas limité dans ses possibilités d'application ; il est *oligarchique* quand il reste centralisé mais soumis à des limitations d'application. L'exercice du pouvoir n'est qu'*hégémonique* quand son domaine d'application reste large mais est soumis à des restrictions imposées « d'en bas ». On peut finalement parler d'exercice *démocratique* du pouvoir lorsque le pouvoir de l'élite est limité de deux façons : le pouvoir est largement diffusé dans le corps social et il est soumis à des règles qui en définissent strictement le domaine d'application.

Ces dimensions analytiques – Giddens le souligne – ne constituent pas une théorie mais bien une base conceptuelle pour analyser les questions qui relèvent de la théorie des élites. Ainsi, la thèse « managériale » de la décomposition de la classe dirigeante capitaliste par la séparation progressive de la propriété des moyens de production et du contrôle effectif de ces moyens de production a pu être examinée utilement sous l'angle des trois dimensions indiquées plus haut : le recrutement, la structure et le pouvoir. Tout d'abord, l'émergence des *managers* comme segment particulier de l'élite économique a pu être associée à des modifications dans les canaux et rythmes de mobilité sociale. Empruntant l'idée à Dahrendorf, Giddens fait observer qu'il existe deux modes de recrutement pour les *managers* modernes et que ces deux modes de recrutement diffèrent radicalement de ce qu'on pouvait observer au XIXe siècle, à l'époque des capitalistes-propriétaires et de leurs héritiers. Le premier de ces modes de recrutement est la voie de la carrière bureaucratique. Le second est l'élévation aux postes de responsabilité par les études supérieures : formation spécialisée ou études universitaires. Ce mode d'ascension sociale peut être associé à son tour avec un système de mobilité intergénérationnelle plus ouvert. En second lieu, l'émergence d'un secteur managérial a créé un élément de tension dans l'élite économique. L'apparition d'une fonction managériale spécifique – et donc de rôles distincts à la tête des entreprises – a introduit une différenciation d'échelles de valeurs dans la vie économique. La productivité et l'efficacité se distinguent de la recherche du profit. On a souvent associé la dissociation de la propriété et du contrôle à un accroissement du degré de centralisation du pouvoir économique. Mais on a également tiré de cette évolution la conclusion que les élites économiques se trouvaient désormais en position de pouvoir influencer les décisions politiques et les contrôler directement et indirectement. On s'est toutefois rendu compte que si l'élément managérial dispose effectivement d'un pouvoir bien réel dans la sphère économique, sa capacité d'influence est limitée par les prérogatives nouvelles de l'élite politique qui étend progressivement son contrôle sur les activités économiques. En outre, l'élite économique n'est de loin pas le seul groupe qui cherche à exercer une influence sur les décisions politiques et qui est en mesure de le faire (Giddens, 1990, p. 356).

Le cadre de référence de G. Lowell Field et John Higley

G. Lowell Field et John Higley, en 1980, distinguent deux dimensions de base relatives à la structure et au fonctionnement des élites : le degré d'intégration structurelle et le degré de consensus quant aux valeurs. Par *intégration structurelle*, ils entendent le degré relatif d'intégration des réseaux de communication et des réseaux d'influence formels et informels entre les personnes, les groupes et les factions d'une élite nationale. Le *consensus de valeurs* implique un accord relatif concernant les règles et codes de conduite politique formels et informels ainsi que sur la valeur des institutions politiques existantes. En se servant de ces deux dimensions, les auteurs, se fondant notamment sur les travaux de Sartori, distinguent trois configurations importantes d'élites nationales : les élites désunies, les élites unies consensuellement et les élites unies idéologiquement.

Les *élites désunies* sont des élites fonctionnant dans une situation d'intégration structurelle et de consensus de valeurs minimum. Les réseaux de communication et d'influence ne dépassent pas les lignes de démarcation des différentes factions. Il y a désaccord sur les règles du jeu et sur la valeur des institutions. En conséquence, les élites tendent à se méfier les unes des autres et s'engagent dans une lutte sans restriction pour la domination. La conception de la vie politique est celle de « la politique comme une forme de guerre » (*politics-as-war*) pour reprendre les termes de Sartori (Sartori, 1987, p. 224). On peut parler d'*élites unies par consensus* lorsque l'intégration structurelle est englobante : des réseaux de communication et d'influence qui se superposent et s'articulent (*overlapping and interconnected*) comprennent toutes les factions de l'élite alors qu'aucune de ces factions ne domine ces réseaux. Le consensus de valeurs est maximal : si les différentes factions s'opposent régulièrement et publiquement les unes aux autres sur des questions de politique et d'idéologie, il y a un consensus sous-jacent sur les « règles du jeu » et la valeur des institutions politiques existantes. En ce sens, les différentes factions sont en compétition sur la base d'un esprit partisan modéré et coopèrent tacitement pour contenir des problèmes particulièrement explosifs et pour limiter les conflits. La conception de la politique qui en résulte est celle d'une « politique comme négociation » ou *politics as bargaining* (Sartori, 1987, p. 224). Les *élites unifiées idéologiquement* fonctionnent dans un contexte assez différent. Les réseaux de communication et d'influence comprennent toutes les factions de l'élite mais sont fortement centralisés et sont organisés par une faction dominante et par le parti ou le mouvement qu'elle dirige. Le consensus de valeurs est également au maximum en ce sens que les factions en présence n'expriment publiquement aucun désaccord politique ou idéologique important et formulent au contraire leurs déclarations publiques en conformité avec une idéologie unique dont les implications politiques sont élaborées officiellement par la couche supérieure de la faction dominante. En conséquence, les diverses factions de l'élite manifestent publiquement une unité idéologique monolithique (Field *et al.*, 1990, p. 154-155). Ces trois configurations doivent être comprises comme trois types purs destinés à servir de points de repère pour l'analyse. En fait, les élites nationales empiriquement observables – bien qu'elles tendent à se grouper autour de trois formes distinctes – peuvent être rangées selon un continuum allant de l'extrême désunion au monolithisme extrême. Depuis des situations de type libanais jusqu'à des situations d'union consensuelle de type suédois, l'unification idéologique étant représentée par les États totalitaires (*ibid.*, p. 155).

L'intérêt majeur des configurations proposées par Field et Higley est qu'elles peuvent être mise en rapport avec des types de régimes politiques. À cet égard, les auteurs distinguent entre les régimes politiques stables et instables. Pour les besoins de l'analyse, ils ne considèrent comme des *régimes instables* que les cas extrêmes d'instabilité où celle-ci se manifeste par des coups d'état ou des tentatives de coups d'état. Un certain nombre de pays d'Amérique latine sont – ou ont été – des cas d'école à cet égard. On peut considérer également comme instables des régimes où la possibilité d'un coup d'état est tenue pour plausible et plane comme une menace réelle sur les institutions. Les régimes politiques où ce genre d'événement n'est pas tenu pour possible peuvent être considérés comme des régimes stables. On peut toutefois distinguer deux types de régimes stables : les régimes stables représentatifs et les régimes stables non représentatifs. Les *régimes stables représentatifs* sont des régimes où les élites politiques sont en compétition ouverte et légale pour l'exercice du pouvoir. Il peut y avoir alternance des majorités ou des coalitions gouvernementales mais le régime est stable. Les régimes *stables non représentatifs* sont des régimes qui peuvent avoir ou ne pas avoir des institutions politiques de type représentatif mais où la politique représentative n'est pas activement pratiquée. Il peut y avoir des élections périodiques mais elles ne font pas l'objet d'une compétition réelle et leur résultat n'a pas d'influence politique réelle. Le pouvoir exécutif est exercé dans le secret des délibérations d'un petit groupe de dirigeants du régime. Dès lors, il est possible d'associer chaque configuration d'élites nationales à un type de régime. L'élite désunie est à associer à un régime instable, l'élite unifiée par consensus est à associer à un régime représentatif stable, l'élite unifiée idéologiquement est à associer à un régime non représentatif stable.

Les élites à orientation locale ou cosmopolite

À l'origine de la dichotomie « local – cosmopolite », il y eut une recherche menée sous la direction de Robert Merton à Rovere, une petite ville de 11000 habitants située sur la côte Est des États-Unis. Cette recherche portait sur le rôle joué par les moyens de communication de masse dans les modes d'influence interpersonnelle. Il s'agissait plus particulièrement de découvrir les fonctions remplies par un hebdomadaire national auprès de diverses catégories de lecteurs. Il apparut rapidement que le magazine en question était utilisé de façons très différentes par des catégories de personnes bénéficiant de niveaux d'influence différents au sein de leur communauté (Merton, 1968, p. 441). Ceci conduisit à la distinction désormais classique entre élites à orientation « locale » et élites à orientation « cosmopolite ». Comme l'indique Merton, ces termes ne se réfèrent nullement à des zones d'influence géographiques mais bien à des modes d'orientation vers sa propre communauté. Le leader « local », ou localiste, a l'esprit de clocher. Il limite ses intérêts à la ville qui est la sienne ; il se préoccupe essentiellement des problèmes locaux et n'accorde guère d'attention aux questions nationales ou internationales. À l'opposé, le type « cosmopolite », bien qu'il ne se désintéresse pas de sa propre communauté dans laquelle il exerce également une certaine influence, ne cesse pas de situer les problèmes locaux dans le contexte plus large de la société globale (*ibid.*, p. 447).

Sociabilités contrastées et modes d'influence

Leaders « locaux » et « cosmopolites » diffèrent significativement quant à leur rapport à leur ville de résidence. Les localistes sont le plus souvent nés là où ils vivent et ont des attaches très fortes à leur région d'origine ; ils peuvent difficilement s'imaginer vivant ailleurs. Les cosmopolites au contraire sont plus mobiles. Ils font de leur lieu de résidence une question de convenance, sans plus. Les formes de sociabilité des uns et des autres présentent un contraste marqué. Les localistes recherchent le contact avec le plus de gens possible, de manière peu sélective ; pour eux, clairement, « le nombre compte ». Ils sont très sensibles à la fonction instrumentale des contacts ; ceux-ci constituent à leurs yeux une ressource potentielle et gagnent donc à être nombreux et variés. Les cosmopolites sont plus sélectifs dans leurs relations. Ils sont également très conscients de la valeur des relations mais ils sont généralement d'avis que *le type* de personnes qu'on connaît importe davantage que leur nombre. De ce point de vue, note Merton, « les localistes sont des quantitativistes alors que les cosmopolites sont des qualitativistes » (*ibid.*, p. 451). Les deux catégories de leaders – localistes et cosmopolites – sont davantage engagés dans la vie associative que la moyenne de leurs concitoyens. Les cosmopolites – à l'encontre des localistes – font néanmoins un plus grand usage des chenaux organisationnels que des contacts personnels pour exercer leur influence. Localistes et cosmopolites n'adhèrent pas aux mêmes types d'associations. Les localistes adhèrent plus volontiers à des associations dont une des principales raisons d'être est de nouer des contacts – Rotary Club, Lions' Club, Kiwanis – alors que les cosmopolites tendent à s'affilier à des associations centrées sur l'exercice d'une activité exigeant la mise en œuvre d'une qualification particulière : associations professionnelles, sociétés savantes, etc. Un contraste analogue apparaît dans l'exercice de mandats publics. Les localistes occupent en priorité des postes « politiques » pouvant être atteints grâce au jeu des relations tandis que les cosmopolites s'orientent plus volontiers vers la participation à des commissions spécialisées au sein desquelles une expertise spécifique est requise : organismes gérant les problèmes de santé, de logement, d'éducation, etc. Pour Merton, il apparaît ainsi clairement que la participation à la vie associative a une fonction différente pour les deux catégories d'élites : pour les localistes, les associations et organisations diverses sont avant tout des supports de relations sociales ; pour les cosmopolites, elles offrent principalement des occasions de faire état de leurs connaissances ou de leurs compétences (*ibid.*, p. 453).

L'influence des élites localistes s'exerce d'une autre manière que celle des élites cosmopolites. Les premiers se fondent « sur un réseau étendu de relations personnelles ». Leur influence repose « moins sur *ce* qu'ils connaissent que sur *qui* ils connaissent (*not so much on what they know but on whom they know.*) Les cosmopolites au contraire fondent leur influence sur le prestige que leur assurent leurs performances et leurs compétences. Pour ces derniers, les relations sont davantage le résultat de leur influence que l'instrument de cette influence (*ibid.*, p. 454). Les différents modes d'influence exercés par les localistes et les cosmopolites ne peuvent être considérés simplement comme la conséquence de niveaux d'études ou de statuts professionnels différents. Ceux-ci contribuent aux spécificités des influences exercées mais n'en sont pas la source. C'est la façon de recourir au statut qui est décisive et non les aspects formels du statut (*ibid.*, p. 456). Selon la formule mertonienne, le cosmopolite exerce une influence « parce qu'il sait » (*because he knows*) alors que le localiste l'exerce « parce qu'il comprend » (*because he understands.*) C'est dire qu'on s'adresse au premier parce qu'on apprécie son expérience et ses compétences spécialisées alors qu'on se fie davantage au second pour sa connaissance intime du milieu et son aptitude à apprécier les réactions des uns et des autres, face à un cours d'action envisagé (*ibid.*, p. 457).

Au cours de la recherche dirigée par Merton à Rovere, on s'est efforcé de localiser les élites – c'est-à-dire les personnes exerçant le maximum d'influence sur leurs concitoyens – en procédant de manière « croisée » de manière à disposer d'évaluations réciproques. Les informateurs ont ainsi été situés dans une « structure d'influence » et répartis en trois catégories : les influents de premier rang (cités par au moins 15 % des informateurs), les influents de rang moyen (que citent entre 5 % et 14 % des informateurs) et les influents de rang inférieur (cités par moins de 5 % des informateurs.) Aux différents niveaux de cette structure d'influence, il y a un large accord concernant les individus qui se situent au sommet de la structure : les influents de premier rang ou *top influentials*. En gros, ce sont les mêmes individus qui sont présentés comme influents, quelle que soit la position dans la structure d'influence des personnes qui portent le jugement (*ibid.*, p. 464).

Influence monomorphe et influence polymorphe

Merton opère une distinction entre les individus exerçant une influence « monomorphe » et ceux qui exercent une influence « polymorphe ». Les premiers sont tenus pour des experts dans un domaine particulier. Leur influence s'exerce – de manière monomorphe – dans le domaine considéré comme leur champ d'expertise et ne se propage pas à d'autres secteurs exigeant des prises de décision. Les seconds bénéficient plus clairement de « transferts de prestige » d'un domaine à l'autre et exercent une influence « polymorphe » plus diffuse (*ibid.*,

p. 468). Les données de la recherche menée à Rovere suggèrent que les leaders localistes sont plus fréquemment des influents polymorphes alors que les leaders cosmopolites relèvent plus souvent du type monomorphe. L'influence des élites localistes, basée largement sur un réseau de relations personnelles, tendrait à se propager d'un domaine à l'autre et à se ramifier en diverses sphères d'influence. L'influence des élites cosmopolites, fondée sur des compétences définies avec plus de précision, tendrait au contraire à se concentrer dans le domaine d'activité où ces compétences sont reconnues (*ibid.*) Mendras et Forsé émettent des réserves quant aux possibilités de généralisation de ces tendances et y voient un trait caractéristique de la société de la petite ville américaine en question. Ils font observer à ce sujet que « dans une petite ville d'Europe » au XIXe siècle, « les notables étaient polymorphes, leur prestige et leur prestige et leur influence étaient fondés sur leur position sociale » (Mendras et Forsé, 1983, p. 85). On peut néanmoins se demander si les tendances signalées par Merton ne sont pas plutôt typiques d'une société en voie de diversification croissante, où la notabilité elle-même présente des figures variées. Bien que la recherche menée à Rovere ne soit pas concluante sur ce point, on est d'ailleurs enclin à penser que le type monomorphe n'est pas un type stable au sommet de la hiérarchie sociale. Il pourrait correspondre à une certaine phase du développement de l'influence des personnes concernées, le monomorphisme se transformant graduellement en polymorphisme par ce que Merton qualifie sur le mode métaphorique d'effet « de halo » (Merton, 1968, p. 468).

Du niveau micro-social au niveau macro-social

Les notions d'élites localistes et cosmopolites ont été élaborées à partir de données recueillies sur le micro-milieu d'une petite ville. Il faut noter toutefois que l'opposition localiste-cosmopolite est d'application plus large. Tout d'abord, on peut être « localiste » à plusieurs niveaux – ville, région, pays – en fonction de la limite placée entre le milieu « local » et son environnement. Un homme politique ayant des responsabilités nationales dans un petit pays pourra apparaître « localiste » en comparaison avec une personnalité évoluant avec aisance sur le plan international. Un homme de science dont la renommée ne dépasse pas les limites du monde francophone sera « localiste » par rapport à un collègue qui s'est acquis une audience mondiale. À l'inverse, le « cosmopolite » d'une petite ville de province apparaîtra bien localiste si on le propulse sur la scène d'une métropole politique, économique ou culturelle. Ensuite, les orientations acquises dans la jeunesse peuvent survivre à une transplantation géographique et créer une sorte d'*habitus* « localiste » ou « cosmopolite » indépendant du milieu d'origine. Sous le verni cosmopolite du membre de l'élite au plus haut niveau pourra alors percer par moments le notable de province. Et ceci expliquera la réticence pour les formes de communication médiatisées, la priorité accordée aux relations personnelles, le soin apporté à la création et au maintien de réseaux informels, le polymorphisme de l'influence acquise.

Les élites stratégiques et la recherche empirique

Dès qu'on raisonne sur une société moderne diversifiée, on est amené à distinguer des secteurs d'activité interdépendants mais autonomes qui ont leurs canaux propres d'accès à l'excellence et à la prééminence. En d'autres termes, ces secteurs d'activité ne peuvent que définir des hiérarchies d'excellence et de prééminence particulières. Il est tentant d'adopter à cet égard une modélisation identifiant des secteurs d'activité avec quelques grandes fonctions sociétales. À cet égard, la modélisation parsonienne déjà citée au chapitre 1 rend des services même si l'on n'éprouve pas le besoin de recourir à l'illustration graphique du schéma AGIL. Il en résulte des élites distinctes qui peuvent avoir jusqu'à un certain point le sentiment de connivence noté par Charles Wright Mills mais qui n'en ont pas moins des hiérarchies de préoccupations différentes : élites politiques, économiques, culturelles et élites associées plus directement au maintien de l'ordre intérieur et extérieur. On considère fréquemment les hiérarchies de préoccupations différentes comme l'expression d'intérêts différents. Que des intérêts personnels ou des intérêts de groupe jouent un rôle à cet égard n'est sans doute pas niable. Mais les particularités de formation et les modes de recrutement propres à chaque secteur d'activité jouent également leur rôle. Dans chaque cas, des effets de dispositions et des effets de positions se combinent pour créer un *habitus* spécifique qui oriente les conceptions et les actions. Il est raisonnable de s'attendre à trouver plus de « technocrates » en puissance au sein des élites économiques qu'ailleurs. Les élites politiques seront sensibilisées davantage aux nécessités du « gouvernement des hommes » qu'aux contraintes de « l'administration des choses ». Si la mentalité de la « classe de loisir » survit, c'est probablement parmi certaines élites culturelles que la probabilité de la rencontrer sera la plus élevée. Quant aux élites de l'ordre juridique et du maintien de l'ordre, il serait logique que ce soit en leur sein qu'on rencontre le plus fréquemment l'opinion selon laquelle les représentants d'autres élites présentent une propension exagérée à l'angélisme face aux perturbations de tous ordres. Ainsi, les différentes élites tendent à se constituer en groupes d'influence, souvent au service d'intérêts particuliers mais, plus fondamentalement, au service de visions distinctes de la vie en société et des ses exigences.

Pour parler de telles élites différenciées, exerçant des influences en sens divers au plus haut niveau, plusieurs auteurs ont proposé de parler d'« élites stratégiques » (Putnam, 1976, p. 14). Parmi ces élites stratégiques, on trouve – outre les membres de la « classe politique » au sens strict – les hauts fonctionnaires, les *managers* des grandes entreprises publiques ou privées, les dirigeants d'organisations de masse tels que les syndicats ou les unions agricoles, les militaires de haut rang, les membres les plus influents des professions libérales, des experts de haut niveau, des intellectuels de premier plan, des journalistes ou encore les dirigeants de Eglises. Énumérées de cette façon, ces catégories semblent recouvrir plus ou moins la notion anglo-saxonne d'*Establishment*. Néanmoins, des individus faisant figure de représentants d'une « contre-élite » oppositionnelle, peuvent être assimilés aux « élites stratégiques » car ils ont à leur façon une capacité d'influence sur les processus de prises de décisions, au moins de façon négative par le potentiel d'opposition qu'ils constituent. L'importance relative des différentes élites stratégiques peut varier d'un pays à l'autre. Ainsi dirat-on que les hommes d'affaires jouent un plus grand rôle aux États-Unis et au Japon alors que les intellectuels ou les individus bénéficiant d'un niveau supérieur de formation ont plus d'influence en Europe. Si l'on garde à l'esprit un modèle fondé sur différents sous-systèmes en interrelation, on pourra exprimer les choses différemment et dire que la capacité des différentes élites stratégiques à exercer une influence débordant leur secteur d'activité propre varie selon les cultures.

L'approche positionnelle

Trois approches différentes ont été adoptées pour identifier les membres des « élites stratégiques » : l'approche positionnelle, l'approche réputationnelle et l'approche décisionnelle (*ibid.*, p. 15 et sv.). L'approche positionnelle est la plus aisément praticable mais aussi celle qui soulève le plus de critiques en raison de son parti pris de n'utiliser que des données prétendument objectives comme on l'a fait remarquer au paragraphe intitulé « Les élites par position », p. 107. Cette approche est fondée sur l'hypothèse que les positions atteintes dans les structures formelles des diverses organisations et institutions fournissent une bonne approximation du pouvoir que détiennent les individus qui occupent ces positions. Une telle hypothèse peut s'appuyer sur deux raisonnements différents : l'assise organisationnelle ou institutionnelle est considérée comme la source du pouvoir détenu par l'individu ou bien comme la résultante de ce pouvoir, la source se situant à l'extérieur. Outre la critique d'ordre épistémologique présentée en page 107, on a fait remarquer que ce type d'analyse s'en tient à l'aspect formel des choses et néglige systématiquement les individus jouant un rôle pouvant être qualifié d'« éminence grise ».

L'approche réputationnelle

L'analyse réputationnelle se donne précisément pour tâche de pallier cette faiblesse et de repérer les individus détenant un pouvoir informel en se basant sur leur réputation. En bref, des informateurs connaissant bien le milieu sont interrogés et on leur demande leur avis sur les différentes positions de pouvoir présumées. L'approche réputationnelle est la stratégie adoptée par Floyd Hunter dans une recherche menée à Atlanta, Géorgie, et dont il rend compte dans *Community Power Structure* (1953). On demanda à une série de personnalités locales de nommer les individus qui, selon eux, avaient le plus de pouvoir dans leur ville. Il en résulta une liste où figuraient des hommes politiques, des hommes d'affaires, des commerçants et des dirigeants du secteur associatif. Les répondants adoptèrent des critères d'appréciation disparates, comme on pouvait s'y attendre : ils fondèrent leurs choix sur la réputation, sur l'une ou l'autre expérience ou, plus banalement, sur la position institutionnelle ou organisationnelle des personnes sélectionnées. Un échantillon fut extrait de cette liste et on pria les personnes retenues de réduire la première liste à environ un quart du total initial. Un nouveau classement fut alors établi en plusieurs étapes. Cette opération permit d'identifier un nombre restreint de leaders en mesure de prendre les décisions ou de peser de manière efficace sur les prises de décisions. Ceux-ci constituaient un noyau relativement restreint de « décideurs » formant un réseau assez dense, caractérisé par des interactions fréquentes et nombreuses. Les notables moins importants avaient davantage de contacts avec la masse de la population mais beaucoup moins de relations entre eux. Partout où se prenaient des décisions, on trouvaient des hommes d'affaires et ceux-ci paraissaient constituer un sous-groupe bien organisé, à même d'exercer une influence dans le sens de leurs intérêts. Hunter en déduisit l'existence d'une élite économique cohérente et généralisa cette conclusion au niveau national, rejoignant ainsi les vues de Charles Wright Mills. Ce mode d'analyse présente la faiblesse inverse de la précédente. Il comporte en outre un potentiel d'arbitraire plus élevé que le précédent : le chercheur doit en effet décider ce qu'il va demander à qui et cette double interrogation recèle un double risque d'erreur de jugement. Ce risque est fortement réduit dans l'approche positionnelle qui peut se pratiquer à partir de l'étude de documents : organigrammes, règlements, statuts, procès-verbaux, etc.

L'approche décisionnelle

La troisième approche – l'approche décisionnelle – vise à éliminer les biais des deux premières et à prendre en compte le jeu des influences formelles et informelles. Cette approche qu'on appelle aussi l'analyse d'événements (*event analysis*) a pour objet d'apprécier le pouvoir à partir de ses manifestations observables, à savoir l'aptitude à peser sur le cours de événements en exerçant une influence sur une décision à prendre. Cela implique qu'on puisse reconstruire des processus de prise de décision en se fondant sur des données hétérogènes, écrites et orales, afin de prendre en compte les aspects formels et informels des processus. Plus encore que la précédente, cette stratégie d'analyse ne peut être pratiquée qu'à l'échelle de collectivités de dimensions réduites. Un des exemples classiques d'analyse de décisions de ce type est l'étude menée par Robert Dahl à New Haven, Connecticut (1961). L'auteur s'est intéressé à des décisions prises en matière d'aménagement du territoire, d'enseignement public et de nominations à des postes à pourvoir. Il s'est demandé comment et par qui se prennent les décisions de quelque importance. Il a également cherché à comprendre comment on s'élève au niveau des postes de responsabilité. À la question « qui décide ? » ou « qui gouverne ? » il apporta une réponse nuancée : beaucoup plus nuancée que celle de Floyd Hunter. Selon lui, il n'est pas possible de distinguer une « élite du pouvoir » imposant son point de vue dans tous les cas. Les prises de décisions résultent d'interactions constantes entre la masse de la population et les leaders. Ces derniers s'efforcent de comprendre ce qui est politiquement acceptable pour la masse, agissent en conséquence et s'efforcent ainsi de s'assurer des loyautés qui renforcent leur position vis-à-vis de toute opposition éventuelle.

De telles études peuvent aboutir à des analyses très détaillées mais ne peuvent bien évidemment être menées que sur un petit nombre de prises de décisions. On est donc amené à opérer des généralisation sur les jeux d'influence à partir d'études portant sur des cas spécifiques dont rien ne garantit qu'ils reflètent une structure générale de pouvoir. Comme l'observe Putnam, le biais dans la sélection des décisions peut être aussi grave que le biais dans la sélection des informateurs, dans l'approche réputationnelle (Putnam, 1976, p. 17). Une autre limitation de l'approche décisionnelle est qu'elle ne s'applique qu'à des matières qui ont déjà été perçues comme problématiques et pour lesquelles une décision est attendue. Or une forme non négligeable de pouvoir consiste précisément à empêcher que des problèmes ne fassent l'objet de débats. Il y a là un potentiel d'influence occulte qu'il n'est guère possible de mettre à jour par l'approche décisionnelle.

Approches combinées et analyse de réseaux

En raison des faiblesses des différentes approches, des essais de combinaison d'analyses positionnelles et réputationnelles ont été tentées par la mise en œuvre de la méthode dite de la « boule de neige » (Putnam, *ibid.*) Le point de départ est « positionnel » ; en d'autres termes, les membres de l'élite stratégique sont identifiés par leur position dans une structure hiérarchique. Ensuite, l'analyse progresse selon le mode réputationnel. On demande aux individus ainsi repérés de nommer d'autres personnes dont ils sollicitent les avis ou qu'ils considèrent de façon plus générale comme influents. L'opération est alors répétée auprès des personnes qui ont été citées. De nos jours, les techniques de l'analyse de réseaux peuvent être utilement mises à contribution pour mesurer le pouvoir et la notoriété. Degenne et Forsé (Degenne et Forsé, 1994, p. 170-173) citent à ce propos une recherche de Marsden et Laumann portant sur une petite ville des États-Unis (1977). Ces auteurs ont distingué dix types de ressources pouvant être mises en œuvre par les acteurs. Ils ont procédé sur cette base à une estimation du pouvoir de chacun. On enregistre une convergence intéressante entre la capacité d'influence, la réputation et la position de centralité au sein d'un réseau de relations. À cet égard, la question qui se pose à la recherche empirique est de savoir dans quelle mesure un acteur en position de centralité dans un réseau est à même de convertir cette centralité en pouvoir (Lazega, 1998, p. 107). C'est depuis les années 1970 que les études sur les élites locales ont recours à l'analyse de réseaux et aux possibilités de quantification qu'elle offre. Il faut citer à ce propos les travaux de Laumann et Pappi, fondés sur le modèle structuro-fonctionnel de Parsons (1976). Sur la base des quatre fonctions du schéma A-G-I-L, une typologie des institutions et organisations locales a été élaborée. La fonction d'adaptation A (ou sous-système économique) y est concrétisée par les entreprises et les banques ; la fonction d'élaboration des buts G (ou sous-système politique) par les institutions municipales et la justice locale ; la fonction d'intégration I (ou sous-système social *stricto sensu*) par les partis, les syndicats et le secteur associatif ; la fonction de maintien du système de valeurs L (ou sous-système culturel) par les Églises, le système scolaire et les institutions de santé. Une liste d'institutions et d'organisations-clés a ainsi pu être dressée et leurs dirigeants ont été interrogés. Le cadre de référence parsonien permettait de confronter de cette manière les représentants des différentes élites sectorielles et de « construire les matrices de choix sociométriques décrivant les relations entre les élites locales ». Les acteurs « les plus centraux » se sont révélés aussi comme « les plus influents dans les affaires locales » (Degenne et Forsé, 1994, p. 171). Ce mode d'analyse révèle l'existence de « trois sous-systèmes fonctionnels » mettant en évidence trois catégories d'élites spécialisées dans la collectivité étudiée : l'élite traditionnelle, active dans le domaine de la religion et de l'éducation, l'élite scientifique et l'élite économique. Ces trois secteurs d'activité ont « un centre commun » qui est constitué des « notables membres du conseil municipal ou des entreprises les plus importantes ». Des coalitions entre les membres des diverses élites peuvent se faire et se défaire. Les coalitions « gagnantes » sont celles « dont la somme des réputations de chacun de leurs membres est la plus importante ». Il semble donc bien qu'un lien existe « entre notoriété et capacité d'influence » (*ibid.*, p. 172-173).

Le critère de « l'imitabilité »

Pour qu'un groupe minoritaire de statut élevé puisse être qualifié d'élite et exercer de l'influence en tant que telle, il est important qu'il soit dans une certaine mesure imitable. En théorie, écrit Nadel, la supériorité d'une certaine catégorie de la population pourrait être reconnue tacitement par le reste de la population sans que cela présente la moindre importance du point de vue de l'influence des uns et de la réceptivité des autres. En revanche, la supériorité d'une élite influente doit pouvoir être perçue comme atteignable, au moins partiellement. Il faut donc que les caractéristiques qui fondent la situation prééminente de cette élite soient jugées imitables et soient considérées comme dignes d'être imitées (Nadel, 1956, 1990, p. 35). Ceci conduit à distinguer deux sortes d'influence pouvant être exercées : l'influence directe et l'influence indirecte. Ceux qui bénéficient du respect ou de la considération des autres exercent de ce fait une influence autour d'eux, en ce sens qu'on tient compte de leurs conseils et qu'on suit leurs directives. Cette influence se manifeste à l'occasion des prises de décisions : c'est ce qu'on pourrait appeler l'influence directe. Mais toute élite exerce également une influence diffuse, indirecte, par les comportements et attitudes de ses membres. Ceux-ci sont observés et imités car on leur attribue une forme d'excellence. « Ainsi, l'élite, par sa simple manière d'agir et de penser, établit des normes pour l'ensemble de la société ; son influence – ou son pouvoir – réside dans le fait que le modèle qu'elle présente est accepté et considéré comme digne d'être suivi » (*ibid.*). En ce sens, un groupe minoritaire qui ne serait pas à même de faciliter l'introduction d'innovations ou au contraire de rendre leur acceptation plus difficile ne pourrait pas prétendre au statut d'élite. Toute élite établie est en mesure de favoriser ou de freiner l'évolution sociale.

Chapitre 5

Sélection, reproduction et circulation des élites

Les critères d'appartenance à l'élite peuvent être très divers, depuis les liens du sang ou l'appartenance ethnique jusqu'au niveau de qualification ou de performance en passant par l'adhésion à une foi religieuse ou la loyauté idéologique. Il en résulte des élites différentes, privilégiant des stratégies de pouvoir différentes. Pareto distingue à cet égard les « lions » qui s'imposent et se maintiennent par la force, et les « renards » qui recourent plus volontiers à la ruse (Pareto, 1916, § 2178). Cette distinction idéal-typique suggère le recours à des types humains contrastés qui ne font pas leurs preuves de la même manière, qui ne se recrutent pas selon les mêmes voies et qui ne se maintiennent pas en situation prééminente par les mêmes moyens. Selon les cas en effet, l'hésitation face à l'emploi de moyens violents ou, au contraire, une inclination à préférer les solutions de force peut être considérée comme la marque d'une inaptitude à exercer des fonctions dirigeantes. À ces élites de types différents correspondent donc des procédures de recrutement distinctes qui, à leur tour, favorisent l'accession aux niveaux supérieurs d'individus aux profils différents. La stabilité de ces procédures implique une situation d'équilibre social (*ibid.*, § 2034). Cet équilibre est cependant loin d'être immuable et il y a lieu de s'interroger sur la manière dont les élites se comportent dans la durée. Comment conservent-elles ou perdent-elles leur situation prééminente ? Dans la mesure où l'élite correspond à une couche sociale supérieure, ayant davantage de pouvoir et de prestige que le reste de la population, toutes les pesanteurs sociales qui tendent à perpétuer les situations dominantes jouent en faveur de sa reproduction. Il n'est cependant pas d'exemple d'élite qui se soit indéfiniment reproduite à l'identique. Comme l'a fait observer Pareto, « les aristocraties ne durent pas » (*ibid.*, § 2053). Ce dernier s'est donc intéressé à la « circulation des élites » (*ibid.*, § 2042). Sous ce vocable général, des processus différents peuvent être distingués. D'une part, il y a les déplacements au sein même de l'élite ou, en d'autres termes, le passage d'un secteur de l'élite à un autre. D'autre part, il y a les mouvements s'opérant entre l'élite et le reste de la population. Ici, il convient d'introduire une nouvelle distinction entre les processus qui introduisent des nouveaux venus dans l'élite et les processus qui aboutissent à la constitution d'une contre-élite s'engageant dans une lutte de pouvoir avec l'élite en place. Ces différents processus seront examinés ici tour à tour.

La formation et la sélection des élites

La formation et la sélection des élites sont des aspects cruciaux des régimes démocratiques. Une règle de fonctionnement des institutions peut être orientée dans un sens égalitaire si elle assure un accès égal aux positions de pouvoir. En effet, le pouvoir n'est jamais distribué de façon égale. Il y a toujours une élite qui dispose de plus de pouvoir que les autres. On a donc toujours affaire à cet égard à des situations de dissymétrie. Mais l'accès au pouvoir peut être généralisé. C'est pourquoi les modalités de la sélection sont importantes. Elles peuvent offrir des possibilités très larges ou, au contraire, très restrictives, d'accès au pouvoir (Eulau, 1976, p. 22-23).

Lorsque les liens du sang ou l'appartenance ethnique sont déterminants, on peut s'attendre à ce que le mode de recrutement des élites se fasse d'une manière plus ou moins proche de la cooptation. Le cas extrême est celui des aristocraties d'Ancien Régime où la seule filiation garantit l'accès légitime aux fonctions assurées par les membres de la génération antérieure ainsi qu'aux privilèges qui leur sont assortis. Des critères d'ordre religieux, politique ou idéologique donnent lieu à des procédures de sélection de type particulariste qui font parfois ouvertement obstacle au recours à d'autres critères d'appréciation. La prise en compte prioritaire du niveau de compétence ou de performance entraîne la mise en place de mécanismes d'évaluation du mérite à ambitions universalistes. De nos jours, dans les sociétés modernes diversifiées, on note une tendance générale – plus ou moins poussée selon les pays – au recrutement sur base d'une certification formelle. Une grande importance est ainsi conférée à certains établissements d'enseignement à caractère élitiste comme, par exemple, les « grandes écoles » françaises, Oxford ou Cambridge et les *public schools* britanniques, l'Université de Tokyo, les Académies militaires américaines ou l'Institut des relations internationales à Moscou (Putnam, 1976, p. 109). Cette évolution peut être mise en rapport avec les capacités de gestion qui sont attendues de nos jours des élites dirigeantes. Les domaines d'intervention de l'État se multiplient et les matières à traiter sont beaucoup plus complexes qu'à l'époque de « l'État-gendarme » aux compétences limitées. Dans le cadre de cette tendance générale, on peut distinguer des variantes qui offrent prise à une approche comparative. Mais dans chaque cas, on note des relations nettes entre le cadre institutionnel général et les modalités de recrutement des élites.

La logique de la certification formelle

C'est en France que la logique du recrutement sur base d'une certification formelle a été poussée le plus loin. On a parlé à ce propos d'une « triple exception française » dans la « fabrication du mérite », constituée de trois éléments caractéristiques : l'importance du diplôme initial, le niveau élevé de responsabilité en début de carrière, enfin le passage aisé de l'administration publique vers le monde des entreprises (Bauer et Bertin-Mourot, 1997, p. 49). Cette situation est liée à l'existence d'un vivier d'élites dites « républicaines » entretenu par les « grandes écoles », en particulier par l'École polytechnique – ou l'X – et par l'École nationale d'administration, qui ne recrutent sélectivement que par concours. Le système du concours a fait l'objet d'appréciations très différentes. Pour les uns, il s'agit de l'élément essentiel d'un mode de recrutement méritocratique s'écartant de la logique de la reproduction sociale et de tous les particularismes (*ibid.*). Pour d'autres, il s'agit au contraire d'un dispositif assurant la pérennité d'un ordre social. Pierre Bourdieu écrit à ce sujet : « Le concours est une manière d'imposer une forme de *numerus clausus*, un acte de clôture qui instaure entre le dernier élu et le premier exclu la discontinuité d'une *frontière sociale*… » (Bourdieu, 1989, p. 141). Quoi qu'il en soit, on considère actuellement ce mode de recrutement des élites par les grandes écoles comme le résultat du « dualisme » de l'enseignement supérieur français. Il faut bien voir cependant que le dualisme contemporain est historiquement le résultat de l'éclipse de l'institution universitaire pendant un siècle (Renaut, 2002, p. 75-88). En effet, la Convention, tenant l'existence des universités pour incompatibles avec les principes de la Révolution, les supprima en 1793. Elles ne réapparurent que sous la IIIe République, à la fin du XIXe siècle. Dans l'intervalle, s'imposa

« avec une vigueur sans équivalent dans les autres pays du monde » (*ibid.*, p. 76) un type de formation basé sur les « grandes écoles », dans le prolongement des « écoles spéciales » héritées de l'Ancien Régime (*ibid.*, p. 76-77). Le rôle spécifique joué par les grandes écoles dans la formation des élites administratives, politiques et économiques ne se comprend bien que si on le situe dans le contexte des « structures organisées de l'élite » (Suleiman, 1979, p. 18). L'entrée dans un des « grands corps » de l'État – soit l'Inspection des finances, le Corps des mines, le Corps des ponts et chaussées, le Conseil d'État, la Cour des comptes – est garantie par le succès des études effectuées dans les meilleures des grandes écoles, succès attesté par un bon classement à la sortie ou, dans le langage des initiés, une sortie « dans la botte » de ces écoles. C'est par l'intermédiaire des grands corps de l'État que les individus formés par quelques établissement d'enseignement supérieur d'accès restreint, ayant acquis l'aptitude à « remporter les courses d'obstacles les plus difficiles, » acquièrent « pour toute une vie la certitude de faire partie de l'élite » (*ibid.*, p. 278-279).

Le passage aisé et fréquent de la fonction publique au secteur privé a pour résultat que, de plus en plus, une même formation est assurée aux grands commis de l'État et aux cadres supérieurs des entreprises. Cette situation a fait l'objet de critiques de divers ordres. Tout d'abord, on a pu faire valoir que l'homogénéité de formation conduisant à l'interchangeabilité des élites de l'appareil d'État et du monde des affaires tend à créer un « ensemble clos » (Birnbaum, 1978, p. 187) présentant les caractéristiques d'un « espace dirigeant technocratique » au sein duquel la mission spécifique du « service de l'État » se dégrade peu à peu dans une notion d'intérêt général dont l'ambiguïté se prête aux interprétations concurrentes des groupes en présence (*ibid.*, p. 84-87). Ensuite, on a émis des doutes sur le type de formation ainsi offert. Il tendrait à favoriser chez de brillants esprits l'aptitude à résoudre « des problèmes prédéfinis », sur le mode de l'exploit intellectuel isolé tout en négligeant l'apprentissage du travail de groupe, du débat et des échanges avec des individus ayant reçu une autre formation (Bauer et Bertin-Mourot, 1997, p. 54). De façon plus générale, des réserves ont été faites quant à l'importance d'un diplôme initial prestigieux : « Il n'existe aucun autre pays au monde où le parchemin du diplôme initial joue un rôle aussi important pour réguler l'accès aux élites dirigeantes » (*ibid.*, p. 50). Enfin – et cette critique est liée à la précédente – on a fait observer que l'attribution de hautes responsabilités dès le premier poste privilégie une formation purement théorique, rend superflu les séjours aux échelons intermédiaires des hiérarchies et néglige l'atout des expériences professionnelles préalables, confirmant ainsi le « rôle très faible du terrain dans la détection des futurs dirigeants » (*ibid.*, p. 51).

La formation par les grandes écoles

Quel que soit le jugement porté sur ce mode de sélection des élites, la formation assurée par l'École Polytechnique et par l'École Nationale d'Administration, envisagée en termes de carrières, constitue un succès incontestable. On note une « impressionnante corrélation » entre les « carrières réussies » aux niveaux supérieurs, dans les domaines administratif, politique et économique, et « les résultats scolaires. » La performance scolaire, « appréciée par le rang de classement à la sortie de ces écoles » constitue un excellent « prédicteur de la réussite professionnelle » (*ibid.*, p. 49). Il y a lieu de s'interroger sur la signification de ce succès. On peut y voir la preuve de la qualité d'une formation en dépit des critiques évoquées plus haut. On peut l'attribuer à une forte sélection préalable qui ne laisse émerger que les éléments les plus doués. On peut y voir également la conséquence des relations sociales qui se nouent à l'occasion de la fréquentation de ces grandes écoles prestigieuses. Pour certains commentateurs, la sélection préalable est au moins en partie le résultat de stratégies parentales orientant leurs enfants vers les « bonnes filières », à savoir quelques lycées affichant les meilleurs taux de réussite, prolongés par les classes préparatoires aux grandes écoles. Dans cette optique, les parcours les plus réussis – assurant un bon classement aux concours de sortie comme aux concours d'entrée – seraient fondés moins sur les qualités intellectuelles que sur un certain conformisme favorisant ultérieurement la création de réseaux de relations (Léotard, 2001). Ceci n'est pas en contradiction avec la thèse de Raymond Boudon selon laquelle « les individus se comportent de manière à choisir la combinaison coût-risque-bénéfice la plus "utile" » (Boudon, 1973, p. 74).

Pour Dagnaud et Mehl, le niveau de formation joue incontestablement un rôle essentiel dans l'accès aux instances de décision réservées à l'élite. Il serait néanmoins erroné d'y voir une variable explicative indépendante. Car c'est l'élite elle-même qui définit le type de formation requis pour les postes de responsabilité les plus élevés. À ce sujet, Bourdieu, avec son goût habituel pour le sarcasme, évoque les institutions « qui, à la façon des *public schools* anglaises ou de Sciences-Po et de l'ÉNA, recrutent si évidemment selon les procédures les mieux faites pour leur assurer des élèves déjà dotés, par leur éducation familiale, des dispositions qu'elles exigent, que l'on est obligé de se demander si, comme disaient les Romains, elles ne se contentent pas d'"enseigner au poisson à nager" » (Bourdieu, 1989, p. 101). C'est ainsi qu'en dépit de l'importance de la certification formelle, « les sphères décisionnelles demeurent étroitement confinées à un petit monde social » (Bourdieu, 1985, p. 122). Ceci s'explique en partie par le fait que les élèves issus d'autres milieux sociaux qui s'orientent vers les grandes écoles « doivent assimiler tout un ensemble de connaissances et de techniques qui ne sont jamais complètement dissociables de valeurs sociales, souvent opposées à celles de leur classe d'origine. Pour les fils de paysans, d'ouvriers, d'employés ou de petits commerçants, l'acquisition de la culture scolaire est acculturation » (Bourdieu et Passeron, 1964, p. 39). Au surplus, les individus issus des catégories inférieures attendent de la formation scolaire une acquisition de statut alors que ceux issus des couches supérieures en attendent au contraire une confirmation de statut (Boudon, 1973, p. 133).

L'atout essentiel qui ouvre la voie aux postes de commande est une formation générale polyvalente. Il doit s'agir en effet d'une formation qui permette de circuler entre les différents secteurs de l'élite, « des sommets administratifs à la tête des grands groupes industriels jusqu'aux cimes de l'appareil gouvernemental, sans dédaigner les crêtes des institutions culturelles » (*ibid.*, p. 124). Dans ces conditions, une spécialisation nette ou des compétences purement techniques constitueraient un handicap de carrière car elles feraient obstacle à la mobilité intersectorielle et l'interchangeabilité des fonctions. Une formation plus spécialisée permet d'accéder à des positions élevées certes, mais qui relèvent des échelons intermédiaires et qui confinent leurs détenteurs dans une « sous-élite » vouée à alimenter l'élite dirigeante en « idées, propositions, critiques et contestations ». De ce point de vue, « les sphères dirigeantes » sont « peu accueillantes » mais « particulièrement réceptives » (*ibid.*, p. 123). L'accès aux cercles dirigeants n'est pas fermé à ceux qui ont une formation autre que celle dispensée par les grandes écoles, mais ces derniers devront mobiliser des atouts supplémentaires – relationnels, politiques – pour atteindre les sommets des différentes hiérarchies. La voie politique est celle qui permet le mieux à des membres de la « sous-élite » d'infiltrer les rangs de l'élite, fût-ce par le détour du militantisme et de l'élection. C'est ainsi que la victoire de la gauche en 1981, si elle n'a pas modifié fondamentalement la donne, a permis la réinsertion dans les sphères dirigeantes d'un personnel politique qui avait bénéficié de beaucoup plus d'influence sous la IIIe et la IVe République (*ibid.*, p. 126).

Sur l'arrière-plan d'une grande stabilité de l'élite dirigeante, des variations conjoncturelles sont dues essentiellement aux variations d'importance des « chemins partisans ». L'avènement de la Ve République a signifié le renforcement de l'influence des hauts fonctionnaires et le maintien d'une grande partie du personnel politique dans la position de « sous-élite ». Après le changement de majorité en 1981, on eut l'impression de voir ressurgir « la république des professeurs ». Rien ne fut cependant modifié dans le rôle des cabinets ministériels au sein desquels le rôle des hauts fonctionnaires se perpétue, même si ceux-ci ont dû faire place à d'autres catégories professionnelles (*ibid.*, p. 127-128). En dépit de changements d'importance relativement secondaire, « le monde de la décision, situé à la cime des grands appareils industriels, financiers et administratifs, demeure un antre impénétrable pour ceux qui n'y étaient pas destinés ». Dans la mesure où les membres de la « sous-élite » y exercent une influence, c'est « le plus souvent sur des enjeux parcellisés » (*ibid.*, p. 134). La tendance à l'émergence d'une « élite du savoir » semble bien une « tendance profonde des sociétés modernes » mais la capacité de l'élite établie à définir le savoir pertinent donne à penser qu'il y a malgré tout interpénétration des ressources intellectuelles, relationnelles et matérielles.

Le recrutement des élites politiques

Selon Putnam, cinq thèmes importants permettent d'aborder les questions que soulève le recrutement des élites politiques dans n'importe quelle société : les canaux permettant aux aspirants au *leadership* politique d'atteindre le sommet, la manière dont ceux-ci sont choisis et ceux qui les choisissent, les critères auxquels ces aspirants doivent répondre, la manière dont les détenteurs de postes importants quittent leurs fonctions et la fréquence avec laquelle les postes sont repourvus, la manière dont le mode de recrutement influence le caractère de l'élite et sa politique (Putnam, 1976, chap. 3). Explorons chacun de ces thèmes.

Les canaux d'accès à l'élite

Les canaux d'accès aux fonctions supérieures varient tout d'abord dans leur perméabilité. À un extrême, on trouve des systèmes héréditaires qui ne comporte qu'une seule voie vers le sommet. Elle est ouverte ou fermée en fonction de la naissance. D'autres systèmes, moins restrictifs, se rencontrent plus fréquemment. Ce sont des systèmes qu'on peut qualifier de corporatifs et qui comportent un long apprentissage. Les régimes bureaucratiques, ou ayant une forte composante bureaucratique, recrutent fréquemment leurs élites selon un tel système. C'est le cas, par exemple, de la haute administration française ou des *civil servants* britanniques de rang élevé qui sont recrutés immédiatement après leur sortie de l'enseignement supérieur. Les procédés de recrutement qui découragent « l'entrée latérale » au sommet des hiérarchies, sans période préalable aux échelons inférieurs, concernent également des élites non administratives. Selon Putnam, c'est notamment le cas de la Grande-Bretagne, de l'Allemagne, du Japon, de l'Italie ou de la Norvège, où peu d'hommes politiques atteignent des postes de ministres sans avoir été membres du Parlement pendant au moins une décennie. Certains chercheurs estiment que les canaux de recrutement perméables sont plutôt caractéristiques des pays en voie de développement alors que l'industrialisation et la modernisation politique requièrent des systèmes d'apprentissage (Putnam, 1976, p. 47-48). Il faut noter cependant que les États-Unis présentent un des cas les plus remarquables de perméabilité et « d'entrée latérale ». Les postes de rang ministériel y sont couramment occupés par des personnes venues de l'industrie, du commerce, de l'enseignement supérieur et des professions libérales. En cas de changement de gouvernement, ces personnes retournent dans le secteur privé pour réapparaître éventuellement dans des emplois publics lorsque leur parti revient au pouvoir. Les données disponibles indiquent qu'il y a interpénétration constante du secteur privé et du secteur public. Il serait néanmoins exagéré de présenter le système américain comme totalement perméable. Il existe ce qu'on peut appeler des carrières parlementaires typiques fondées sur un apprentissage de la vie politique dans des emplois publics au niveau local ou au niveau du gouvernement des États. Les postes les plus influents du parlement fédéral ne s'atteignent qu'après plusieurs décennies d'expérience de la vie politique (*ibid.*, p. 48). Les canaux de recrutement varient d'un pays à l'autre pour ce qui est des institutions ou organisations spécifiques qui leur servent de support. Les partis politiques constituent fréquemment un vivier de recrutement d'où se construisent des carrières ascensionnelles. L'administration publique, outre son rôle au service de l'État, est très souvent un canal important d'accès aux postes politiques les plus importants. La politique locale est une autre source de recrutement ainsi qu'un tremplin permettant d'accéder aux fonctions les plus influentes. C'est aussi le lieu où se constitue, parfois de manière durable, une base politique, une *constituency*. C'est particulièrement le cas pour les partis de gauche. Ces partis doivent développer un *leadership* « sur le terrain » dans la mesure où ils ont relativement peu accès aux sources de recrutement propres aux partis de droite : les milieux économiquement favorisés, les établissement d'enseignement supérieur prestigieux et l'administration.

Les procédés de sélection

Les procédés de sélection peuvent être quasi automatiques ou plus élaborées. Parmi les procédés quasi automatiques, on notera le principe de seniorité qui assure la loyauté à un certain ordre institutionnel et finalement le récompense. Ce principe, combiné à la loyauté idéologique, a joué un grand rôle dans les systèmes de type soviétique. Il garantit une certaine stabilité institutionnelle mais constitue un frein à l'adaptabilité du système, comme l'histoire des dernières années de l'Union Soviétique l'a montré. Les procédures plus élaborées comportent des mécanismes de sélection. Ceux-ci sont fréquemment contrôlés par les instances dirigeantes des partis politiques. Dans un régime totalitaire comme le fut le régime soviétique, un système de sélection très particulier avait été instauré : le système de la *nomenklatura*. Il existait à plusieurs niveaux des listes – ou nomenclatures – de postes influents pour lesquels l'approbation d'une instance du Parti était requise. Il s'agissait de s'assurer de la loyauté politique des personnes sélectionnées, quel que fut par ailleurs leur domaine d'activité particulier (Voslensky, 1980). Dans les sociétés pluralistes, les appareils des partis jouent également un rôle dans la sélection des candidats à des postes politiques. Selon l'importance du poste, la sélection pourra être effectuée par des assemblées de militants ou par les instances nationales des partis. Ces procédures internes aux partis politiques – bien qu'elles soient considérées dans les différents partis comme un signe de démocratie interne – ont fait l'objet de nombreuses critiques. On leur a reproché d'attribuer une influence exagérée à des comités qui ne représentent en fin de compte qu'une fraction infime de la population. Il est de fait qu'elles réduisent considérablement l'impact des procédures électorales en canalisant les voix exprimées vers des listes dont l'ordre de présentation a été prédéterminé (Putnam, 1976, p. 53-55).

Les critères de sélection

Les critères de sélection des élites varient selon les époques et les cultures. Ces critères sont très révélateurs de ce qui est considéré comme important dans une société déterminée. Une distinction essentielle à cet égard est la distinction entre critères d'attribution (*ascription*) et critères de performance (*achievement*). Les sociétés traditionnelles tendent à valoriser des caractéristiques héritées ou attribuées : on est choisi pour *ce qu'on est* davantage que pour *ce qu'on fait*. Dans les sociétés modernes, les talents et les performances comptent en principe davantage et seuls les critères universalistes sont jugés d'application légitime. Dans la pratique néanmoins, on assiste toujours à une combinaison de caractéristiques héritées et de caractéristiques acquises dans la mesure où les talents recherchés sont souvent le fruit d'un mode d'éducation que seules les classes privilégiées peuvent offrir. Dans chaque société, ce sont les talents considérés comme les plus importants qui fournissent des critères de recrutement des élites. De plus en plus, dans les sociétés modernes, les compétences techniques sont appréciées et ceci rend d'ailleurs de plus en plus problématique le contrôle démocratique d'élites armées de compétences inaccessibles au commun des mortels. On valorise toutefois d'autres talents qui viennent contrebalancer dans une certaine mesure le poids des compétences techniques. Il s'agit tout d'abord des talents de gestionnaire et d'organisateur, ensuite des talents de communicateur assurant une aptitude à persuader et à faire accepter des mesures qui ne sont pas toujours directement compréhensibles. À cet égard, deux formes de « gestion des relations » peuvent être distinguées : celle qui porte sur le contact avec des petits groupes de collègues et celle qui a trait au contact avec de grands groupes de personnes qui ne possèdent pas nécessairement le même type de formation. Qu'il s'agisse d'élites du monde des affaires ou d'élites politiques ou administratives, on note généralement une proportion importante de personnes ayant une formation en droit. Ayant remarqué le pourcentage élevé d'avocats dans les élites politiques, Max Weber y voyait à la fois une question de compétences et une question de disponibilités. Les avocats bénéficient de compétences spécialisées en matière législative et l'exercice de leur profession exige des talents de communication et de persuasion. Par ailleurs, ils peuvent prendre congé de leurs occupations professionnelles plus facilement que d'autres pour exercer un mandat politique. Ils peuvent également retourner à leur profession plus facilement que d'autres si cela s'avère nécessaire (Putnam, 1976, p. 59).

Les délais d'accès à l'élite

Le temps requis pour accéder à l'élite politique et le rythme de remplacement des élites varient fortement d'un pays à l'autre. Il est cependant possible de dégager deux règles générales. Tout d'abord, un rythme rapide d'accès et de renouvellement est généralement associé à une période de crise. Un rythme plus lent va au contraire généralement de pair avec une période de stabilité institutionnelle et de tranquillité politique et sociale. Au lendemain de la Deuxième Guerre mondiale, l'élite politique française fit place en peu de temps à de très nombreux nouveaux venus. Les nouvelles élites se stabilisèrent peu à peu et leur rythme de remplacement baissa considérablement. À l'avènement de la Vᵉ République, le rythme d'accès et de remplacement s'accéléra à nouveau, marquant ainsi une nouvelle période de crise politique. De façon corrélative, le rythme de remplacement d'une élite institutionnelle tend à se ralentir à mesure que l'institution vieillit. Des statistiques portant sur le *Congress* – la chambre basse du parlement fédéral – aux États-Unis montrent que le pourcentage de nouveaux élus à la suite d'élections passe de 50 % en 1850 à 15 % au milieu du XXᵉ siècle. En conséquence de ce lien entre le *turnover* – la fréquence et le rythme de remplacement – et l'âge d'une institution, on constate un rythme de renouvellement beaucoup plus rapide dans les régimes « jeunes » des pays en voie de développement que dans les régimes parlementaires établis de longue date. De la même façon, après un bouleversement révolutionnaire qui provoque une très forte accélération du rythme de remplacement des élites, on assiste à une phase de stabilisation marquée par un ralentissement de ce rythme. L'URSS post-stalinienne – surtout au cours de la période brejnevienne, dite « de stagnation » – et la Chine actuelle offrent des exemples frappant de cette évolution, allant jusqu'à consacrer le pouvoir de véritables élites gérontocratiques (Putnam, 1976, p. 65-66).

Le rythme de remplacement des élites politiques n'est pas sans relation avec le mode de fonctionnement des institutions. Dans de nombreux cas, un rythme rapide a pu être associé à une augmentation de la réceptivité à l'innovation. Il serait toutefois erroné d'en faire une règle générale et il serait plus prudent de dire – comme on l'a dit autrefois en comparant les États-Unis et l'URSS – qu'un rythme de changement rapide ne garantit pas l'innovation mais en facilite la mise en œuvre. Quoi qu'il en soit, un facteur exerce une influence en sens contraire. En effet, plus le rythme de changement est rapide, moins l'expérience s'accumule au sein des élites. Ceci revient à dire que les dirigeants qui ont de nouvelles idées ne sont pas nécessairement ceux qui sont le mieux en mesure de mettre ces idées en pratique. Quand le rythme de remplacement des élites est différent dans des secteurs différents – comme, par exemple, le pouvoir exécutif et le pouvoir législatif – cela constitue une source de tensions récurrentes au sein d'un système socio-politique donné. Enfin, il faut ajouter que plus le rythme de remplacement des élites politiques est rapide, plus grand est le nombre de personnes qui ont la possibilité d'accéder à des postes de responsabilité. Ce fait est généralement considéré comme un élément favorable au fonctionnement démocratique des institutions. Des auteurs classiques comme Pareto et Mosca ont cependant vu dans l'ouverture aux nouveaux venus une manière de cooptation d'une élite potentielle par l'élite établie, c'est-à-dire une façon de neutraliser le risque de remise en question de l'élite établie par une contre-élite. Néanmoins, la conscience plus ou moins nette de l'existence d'une tendance générale à l'oligarchie a fréquemment poussé à limiter la durée des mandats et à mettre des limites strictes à leur renouvellement. De cette façon, par voie de conséquence, c'est le rythme de remplacement qui est accéléré. On voit ainsi deux objectifs partiellement contradictoires s'affronter : d'une part le désir de bénéficier de l'expérience des gens en place de longue date, d'autre part la volonté de ne pas laisser l'expérience et le sens politique étouffer les aspirations démocratiques et innovatrices (Putnam, 1976, p. 65-69).

Les modes de recrutement et les caractéristiques de l'élite

Les modes de recrutement des élites influencent le jeu des institutions à plusieurs points de vue. On doit tout d'abord noter un *élément de sélection*. Ce ne sont pas toujours les mêmes critères qui sont utilisés pour décider quelles sont les carrières ascendantes à encourager et quelles sont celles qui doivent être bloquées. Des critères aussi différents que la compétence technique, le talent oratoire ou le caractère télégénique peuvent jouer un rôle. Une différence intéressante est toutefois celle qui oppose les systèmes de sélection internes aux systèmes externes. Les auteurs américains qui ont comparé les procédures de sélection américaines et britanniques y ont vu l'opposition d'une *sélection interne* et d'une *sélection externe*, la sélection interne conduisant selon eux à l'expérience accumulée mais aussi au conformisme et à une prudence parfois excessive tandis que la sélection externe, tout en facilitant l'introduction d'idées neuves, rend compte d'une certaine dose de désordre voire, dans certains cas, d'amateurisme. Les modes de recrutement ne sont cependant pas seulement des mécanismes de sélection ; ils forment également une structure d'opportunités et d'incitants. Ils poussent dès lors les dirigeants à se comporter d'une certaine façon. Ceux qui savent que la suite de leur carrière sera fondée sur l'élection ont un incitant très fort à se préoccuper des opinions, attitudes et vœux des électeurs.

Mais le processus comporte également un élément de socialisation anticipée. Les hommes politiques en ascension vers les postes les plus élevés tendent à anticiper sur les préoccupations et les exigences liées au niveau supérieur au leur. Dans un système où l'avenir politique dépend non pas de la sanction électorale mais du bon vouloir des élites déjà en place, les ambitieux comprennent qu'ils doivent cultiver les faveurs de ceux qui sont au-dessus d'eux et pas de ceux qui sont en-dessous. La manière dont on quitte les postes de pouvoir exerce également un rôle sur la manière dont les fonctions sont exercées. À cet égard, on peut distinguer les *systèmes à risques faibles* et les *systèmes à hauts risques*. Dans les systèmes à risques faibles, la fin – obligée ou non – d'un mandat politique peut être compensée par l'octroi d'un poste de responsabilité dans un autre domaine d'activité, parfois tout aussi prestigieux. Dans les systèmes à hauts risques, la perte du pouvoir peut entraîner la mort sociale, voire même l'exécution. Bien entendu, un mouvement de nature révolutionnaire peut transformer un système à risques faibles en un systèmes à hauts risques, aux dépens des élites établies qui sont balayées par le mouvement. Pour Robert Michels, une des sources de l'oligarchisation des mouvements ouvriers réside dans les coûts élevés liés à la fin d'un mandat électif au sein de l'organisation. En effet, les ex-dirigeants ne pouvaient qu'être confrontés à une perte notable de statut et de revenus. Enfin, les modes de recrutement des élites politiques ont également un *effet de socialisation* sur les nouveaux venus. Le processus de compétition pour les postes de responsabilité relativement rares inculque aux futurs dirigeants des manières de se comporter. Ce qui est inculqué, se sont tout d'abord des manières de se conduire qui assurent l'ascension dans la hiérachie. Mais ces normes de comportement ayant été acquises, elles deviennent des normes de conduites pour ceux qui ont atteint le sommet. Une différence notable entre les élites françaises et britanniques tient en partie au fait de leurs socialisations respectives dans des établissements d'enseignement supérieur d'allures très différentes. En effet, la formation reçue à Oxford ou à Cambridge – la formation « Oxbridge » – est une formation à caractère humaniste alors que les grandes écoles qui constituent le vivier des élites françaises sont des établissements à caractère technocratique. Cependant, les élites françaises et britanniques, en dépit de leurs différences, ont quelque chose en commun qui les sépare des élites américaines car ces dernières ont une formation beaucoup plus diversifiée. Au surplus, l'effet de socialisation est beaucoup plus net lorsque l'ascension sociale s'est faite au sein d'un même système politico-administratif que lorsque elle a eu lieu dans des contextes organisationnels différents. Les élites politiques et administratives européennes sont beaucoup plus stables et beaucoup mieux préparées à leurs fonctions que leurs homologues américaines (Putnam, 1976, p. 69-70).

La plus ou moins grande aptitude à se soumettre aux procédures de sélection doit être mise en rapport avec les motivations des futurs membres de l'élite politique à atteindre les postes de direction les plus élevés. À ce sujet, Harold Lasswell a formulé une proposition générale dont la tonalité est assez en harmonie avec les conceptions parétiennes. Pour Lasswell, les motivations des uns et des autres sont d'ordre privé. Ces motivations personnelles et privées sont alors appliquées à des objets publics. Elles sont ensuite rationalisées en termes d'intérêt général (Lasswell, 1948). Les motivations personnelles sont cependant inséparables d'une certaine conception du monde qui leur donne un sens. Les idées générales concernant le fonctionnement de la société jouent un rôle à cet égard. On peut se fonder sur une image essentiellement conflictuelle du monde ou au contraire sur une représentation harmonieuse. La manière de concevoir les processus de prises de décision et d'y participer en dépend étroitement. Les *conflictualistes* considèrent qu'il n'est pas possible de favoriser certains intérêts sans en sacrifier d'autres ; ils sont psychologiquement et idéologiquement préparés à effectuer ce genre de choix. Les *consensualistes* au contraire sont d'avis que le sens politique doit précisément permettre de surmonter les conflits d'intérêts et d'aboutir à des solutions qui satisfassent tout le monde. Le plus fréquemment, les dirigeants orientés vers le conflit se considèrent comme les représentants et les défenseurs de groupes longtemps défavorisés dont les intérêts doivent avoir priorité sur d'autres. Au contraire, les dirigeants qui cultivent une conception harmonieuse de la réalité sociale tendent à penser que toute revendication particulariste porte tort à ce qu'ils tiennent pour l'intérêt général mais qui est souvent l'intérêt de groupes longtemps dominants qui tendent à universaliser – le plus souvent en toute bonne foi – leurs conceptions et leurs intérêts propres. Il semble que les gouvernements stables et réceptifs aux influences diverses qui peuvent influencer leurs programmes sont composés de dirigeants qui ont une conception équilibrée du rôle du conflit et du consensus dans la société où ils opèrent (Putnam, 1976, p. 72-81).

Les configurations d'élites et leur évolution

Selon Field *et al.*, les diverses configurations d'élites dont il fut question au chapitre 4 sont généralement durables ; elles n'évoluent que dans le long terme (Field *et al.*, 1990). Des transformations d'élites se produisent néanmoins et elles rendent compte des transformations politiques les plus importantes. Le passage d'élites désunies à des élites unifiées par consensus peut se produire de deux façons. La première est l'arrangement entre élites, par lequel les élites en conflit endémique réorganisent leurs relations et négocient des compromis sur leurs points de désaccord les plus importants. De cette façon, ils arrivent à une unité consensuelle et jettent les bases d'un régime représentatif stable. L'accord constitutionnel qui couronna la « transition démocratique » dans l'Espagne post-franquiste en offre un exemple. L'autre forme de passage de la désunion à l'unité consensuelle est la convergence d'élites. Plusieurs factions en compétition conflictuelle découvrent les avantages d'une large coalition leur permettant de mobiliser l'appui électoral d'une majorité stable d'électeurs et de protéger ainsi leurs intérêts contre des factions hostiles ou dissidentes en contrôlant le pouvoir exécutif. Des défaites électorales successives peuvent convaincre les élites minorisées que pour éviter l'exclusion permanente du pouvoir, elles doivent modérer leurs positions politiques et idéologiques respectives et s'assurer une large assise électorale. Une telle modération comble peu à peu le fossé idéologique qui caractérise les élites désunies et toutes les factions importantes atteignent progressivement un consensus en ce qui concerne les règles du jeu et la valeur des institutions existantes tout en poursuivant leur compétition sur la base d'un « esprit partisan modéré ». On trouve des exemples d'un tel processus au Danemark et en Norvège pendant le premier tiers du XXe siècle, lorsque les élites radicales des partis socialistes et des syndicats modérèrent leurs positions pour mettre fin à la domination des élites libérales et conservatrices. La transformation des élites de la désunion vers l'unité idéologique ne se produit que par des révolutions. Des élites dissidentes se saisissent du pouvoir, liquident politiquement ou physiquement les anciennes élites, centralisent l'activité politique dans le parti ou le mouvement qu'elles dirigent et imposent leur idéologie comme unique cadre de référence pour l'activité politique. Les exemples sont la Russie (1917-1921), l'Italie (1922-1926) et l'Allemagne (1929-1933). Du point de vue de la théorie des élites, si l'on se réfère aux écrits de Pareto, les révolutions remplacent simplement une élite par une autre. Pour Field et ses collaborateurs, il y a cependant davantage à en dire. Les révolutions ne provoquent pas seulement un processus de circulation des élites ; elles peuvent aboutir à la transformation d'une configuration d'élites en une autre configuration, distincte de la précédente, à savoir le passage de l'élite désunie à une élite idéologiquement unifiée. Dans ce cas, le résultat est un régime stable non représentatif qui ne peut évoluer que par une nouvelle transformation de la configuration, que celle-ci soit provoquée par un processus interne ou par une intervention exogène (Field *et al.*, 1990, p. 161-162).

Les déplacements au sein de l'élite

Les passages individuels d'un secteur de l'élite à un autre – entre l'administration publique et le monde des affaires, par exemple – peuvent être le résultat d'une homogénéité de formation ou d'un consensus de valeurs. Dans ce cas, ils sont l'indice d'une forte cohésion de l'élite dirigeante et contribuent également à maintenir et à renforcer cette cohésion. La circulation interne à l'élite peut alors être considérée comme une véritable stratégie adaptative (Birnbaum, 1978, p. 81 ; Suleiman, 1979, p. 88). Pour traduire cette adaptation dans les termes de Pareto, « l'élite gouvernementale est dans un état de transformation lente et continue. Elle coule comme un fleuve » (Pareto, § 2056). Cette adaptation lente par les ressources internes de l'élite participe d'un phénomène global de reproduction sociale car elle n'implique aucune injection massive d'éléments externes. Mais il arrive que de tels passages intersectoriels, loin d'être de nature purement conjoncturelle, portent au contraire la marque d'un changement de régime. Des comparaisons portant sur la Hongrie, la Pologne, la République tchèque et l'Allemagne de l'Est montrent qu'après l'effondrement des régimes de démocratie populaire, un nombre important d'ex-membres de la *nomenklatura* ont très rapidement acquis des titres de propriété et se sont transformés en entrepreneurs capitalistes. Quand les anciens cadres des régimes communistes se sont mués en capitalistes par l'acquisition de titres de propriété, ils se sont appropriés sans trop de problèmes l'idéologie libérale de la suprématie des forces du marché. Pour les élites économiques – les *managers* des entreprises d'État en voie de privatisation –, il s'agissait de remplacer le contrôle *de fait* d'un bien public par l'appropriation privée. Mais l'ironie de l'histoire veut que ce soient les anciens dirigeants *politiques* du communisme qui eurent le plus d'incitants à maintenir leur position privilégiée par transfert de propriété car ils n'avaient pas le contrôle *direct* de l'appareil économique (Windolf, 1998, p. 369-370 ; Coenen-Huther, 2000, p. 142-43).

L'introduction de nouveaux venus dans l'élite

Pour Pareto, ces mouvements d'ascension sociale qui ouvrent l'élite à de nouveaux venus doivent être mis en rapport avec la répartition des résidus dans les différentes catégories de la population. Pour Pareto, « les résidus ne sont pas répandus également ni également puissants, dans les diverses couches d'une même société » (Pareto, § 1723). À certains moments de l'histoire, s'amorce un phénomène de décadence qui menace une élite dirigeante de l'intérieur ; les « proportions de résidus » qui lui ont servi « à s'emparer du pouvoir et à le conserver » se modifient. Dès lors, la prééminence de l'élite en question est subordonnée à un double mouvement : d'une part, l'apport de « familles qui viennent des classes inférieures, qui lui apportent l'énergie et les proportions de résidus nécessaires à son maintien au pouvoir », d'autre part, « la perte de ses membres les plus déchus. » Si un de ces mouvements s'interrompt, ou s'ils s'interrompent tous les deux, « la partie gouvernante s'achemine vers la ruine » (*ibid.*, § 2054, § 2055). Pour Pareto, on se trouve ainsi confronté à un mouvement de vases communicants qui assure un équilibre sans cesse renouvelé. Que ce mouvement prenne trop d'ampleur et que s'accumulent des « éléments supérieurs dans les classes inférieures » et des « éléments inférieurs dans les classes supérieures », on assiste alors à « une perturbation de l'équilibre » (*ibid.*, § 2055) qui ne se réduit que par la reconstitution d'un équilibre sur de nouvelles bases. Cette forme de circulation des élites obéit dans une certaine mesure à la loi de l'offre et de la demande. Pareto fait observer à ce sujet que les circonstances peuvent exiger un gonflement ou une réduction de l'effectif d'une catégorie d'individus. Un pays qui traverse une longue période de paix aura besoin « de peu de soldats dans la classe gouvernante » (*ibid.*, § 2044). En revanche, une situation de guerre ou de tensions internationales mettra en valeur les carrières militaires. Marie Kolabinska, une élève de Pareto à Lausanne, cite à cet égard la période de la Guerre de Cent ans et l'époque des Croisades. Pendant la période de la Guerre de Cent ans, écrit-elle, « nous voyons la valeur guerrière récompensée par l'élévation des classes inférieures aux classes supérieures » (Kolabinska, 1912, p. 30). À l'époque des Croisades, « nous voyons à tout instant des hommes d'armes d'origine serve faits chevaliers et pourvus de fiefs » (*ibid.*, p. 32). Au XXe siècle, Charles Wright Mills, après avoir montré l'influence croissante des militaires dans « l'élite du pouvoir » américaine, lie cette évolution aux exigences de la Deuxième Guerre mondiale d'abord, à celles de la guerre froide ensuite (Mills, 1969).

La constitution d'une contre-élite

Les phénomènes de mobilité sociale qui permettent à des éléments des catégories sociales inférieures ou moyennes d'accéder à l'élite peuvent être de nature individuelle. Il y a en quelque sorte « infiltration » graduelle de la classe dirigeante par les nouveaux venus. Ceux-ci, selon le point de vue, seront considérés avec sympathie ou admiration comme des *self-made men* offrant la preuve de la fluidité de la stratification sociale ou, avec dédain ou mépris, comme des « parvenus » qui ne possèdent pas les codes du milieu social dans lequel ils se sont immiscés. Mais il est des phénomènes d'ascension sociale d'allure plus massive. Ainsi en est-il des légistes, catégorie sociale ascendante dont l'importance se manifesta dès le XIVe siècle, sous Philippe-le-Bel. Les légistes entrèrent en compétition avec les élites traditionnelles, la noblesse et le clergé, et finirent par occuper, au service du roi, une place prépondérante dans l'État. Selon Kolabinska, il s'agit « d'une collectivité nouvelle qui vient prendre place dans l'élite ». Ils étaient généralement d'humble origine mais avaient des qualités éminentes et « si la royauté les soutenait, la noblesse guerrière, et qui plus est, le clergé les combattaient de tout leur pouvoir » (Kolabinska, 1912, p. 36-38). Ainsi apparurent de nouveaux critères de justification de la prééminence : la laïcité, la compétence juridique et le service de l'État.

Lorsque – au delà des luttes de pouvoir au sein de l'élite – un mouvement d'émancipation modifie le rapport de forces entre les différentes composantes d'une population hétérogène, de nouveaux critères d'accès à la prééminence – religion, ethnie, langue – sont reconnus comme légitimes. On assiste alors à l'émergence de nouvelles élites ébranlant le monopole des élites établies. Lorsque celles-ci composent avec leurs nouveaux rivaux, on assiste à un processus de diversification de l'élite reflétant l'acceptation de la nature composite de la société en question. Si les élites établies, par principe, par aveuglement ou par crainte, refusent cet accommodement, les temps sont mûrs pour une rupture de nature révolutionnaire.

Les événements de nature révolutionnaire

Les révolutions ne constituent qu'un cas particulier des ruptures d'équilibre dont parle Pareto. Pour reprendre la métaphore du fleuve, c'est le moment ou des perturbations particulièrement vives font sortir le fleuve de son lit et provoquent une inondation. Plus tard, une nouvelle élite gouvernementale recommence à évoluer de façon lente et continue : « le fleuve, rentré dans son lit, s'écoule de nouveau régulièrement » (Pareto, 1916, § 2056). De telles ruptures brusques peuvent se produire par « ralentissement de la circulation de l'élite ». Marie Kolabinska signale un tel ralentissement au XVIIIe siècle, dans les années qui précédèrent la Révolution, par comparaison avec des temps plus anciens où la circulation entre les classes était plus forte qu'on a généralement tendance à l'imaginer : « L'esprit oligarchique qui se manifeste par des obstacles qu'on opposait à l'élévation des gens provenant des couches inférieures de la société, semble être plus fort dans le temps le plus proche de la Révolution » (Kolabinska, 1912, p. 103). Dans de telles circonstances, un nombre croissant de membres de l'élite ne possèdent plus « les résidus capables de les maintenir au pouvoir ». Dans les couches sociales inférieures au contraire, un nombre croissant d'individus possèdent « les résidus nécessaires pour gouverner ». Les premiers renoncent à faire usage de la force ; les seconds sont disposés à en faire usage. Pareto fait observer à ce sujet que « l'effet ne suit pas immédiatement la cause ». Il se produit généralement un décalage entre la situation lourde de conséquences révolutionnaires et l'explosion révolutionnaire elle-même. Une « classe gouvernante » qui s'est longtemps maintenue au pouvoir par la force, peut subsister encore en renonçant à l'usage de la force ; elle peut « acheter la paix à ses adversaires », non seulement en la payant mais aussi en distribuant des honneurs (Pareto, 1916, § 2057-2059). Pareto est sceptique quant à l'efficacité à long terme de cette stratégie : « on garde le pouvoir à force de concessions, et l'on s'imagine qu'on peut le faire indéfiniment ». Il aligne les exemples visant à montrer que cet espoir est illusoire. L'empire romain en décadence « achetait la paix » aux Barbares jusqu'à l'effondrement final. Louis XVI, de concession en concession, finit par succomber. L'aristocratie anglaise prolongea son pouvoir de la même façon au XIXe siècle « jusqu'à l'aurore de sa décadence » au début du XXe (*ibid.*, § 2059).

L'histoire, cimetière des aristocraties

§ 2053. Les aristocraties ne durent pas. Quelles qu'en soient les causes, il est incontestable qu'après un certain temps elles disparaissent. L'histoire est un cimetière d'aristocraties. Le peuple athénien constituait une aristocratie, par rapport au reste de la population, des métèques et des esclaves. Il disparut sans laisser de descendance. Les diverses aristocraties romaines disparurent. Les aristocraties barbares disparurent. Où sont, en France, les descendants des conquérants francs ? Les généalogies des lords anglais sont très exactes. Il subsiste fort peu de familles descendant des compagnons de Guillaume le Conquérant ; les autres ont disparu. En Allemagne, l'aristocratie actuelle est en grande partie constituée par les descendants des vassaux des anciens seigneurs. La population des États européens s'est accrue dans une mesure énorme depuis plusieurs siècles à aujourd'hui. Or, il est certain, très certain, que les aristocraties ne se sont pas accrues en proportion.

Vilfredo Pareto, *Traité de sociologie générale*, trad. fr., in *Œuvres complètes*, tome XII, Genève, Droz, 1968 (I[e] éd. italienne, 1916).

Ce « décalage » signalé par Pareto rejoint le diagnostic de Tocqueville sur la Révolution française, même si celui-ci est exprimé dans d'autres termes. Pour Tocqueville en effet, la rupture révolutionnaire ne fait que traduire en termes politiques et institutionnels un changement qui s'est déjà opéré de longue date dans les faits. À la fin du XVIIIe siècle, la noblesse jouit encore de l'apparence du pouvoir mais la réalité du pouvoir lui a échappé en raison de l'alliance de la monarchie et de la bourgeoisie montante : « On trouve encore au XVIIIe siècle, de grands seigneurs qui portent le nom de gouverneurs de province » mais c'est l'intendant qui détient le pouvoir réel. Aux yeux de l'aristocratie, les intendants étaient « les représentants d'un pouvoir intrus, des hommes nouveaux, préposés au gouvernement des bourgeois et des paysans... Ces hommes gouvernaient cependant la France ». Tocqueville nous décrit ainsi deux élites concurrentes qui s'affrontent, l'une gagnant progressivement du terrain sans bénéficier des gratifications symboliques en rapport avec sa puissance croissante, l'autre s'accrochant à ses privilèges et se refusant à la stratégie d'ouverture qui aurait stimulé la circulation des élites (Tocqueville, 1856, 1952, p. 110). Dans les termes de Pareto, « des éléments supérieurs » – traduisons : des éléments d'élite – s'étaient accumulés dans les couches inférieures de la société » et les mouvements ascensionnels qui s'étaient produits dans les siècles précédents étaient devenus insuffisants pour assurer l'équilibre social. Au contraire, l'accumulation d'éléments inférieurs dans l'ancienne élite – la noblesse – était « prouvée par la décadence d'un grand nombre de ses membres, tombés dans le besoin, miséreux ; ou ne soutenant l'éclat de leur rang que grâce aux libéralités du roi ; ce sont des individus qui seraient tombés dans les classes inférieures si on ne les avait maintenus artificiellement dans l'élite. » (Kolabinska, 1912, p. 111-112).

Les « spéculateurs » et les « rentiers »

Pour Pareto, le changement social et la circulation des élites sont largement influencés par les influences en sens divers exercées par les personnes qui tirent leurs revenus de la terre ou de l'épargne et par les entrepreneurs. Ces deux catégories d'individus, écrit Pareto, sont généralement confondues, dans le langage courant, sous le nom de capitalistes alors que les uns et les autres ont des intérêts parfois très différents. En effet, l'entrepreneur a intérêt à ce que le revenu de l'épargne et des capitaux loués soit minimum alors que le prix des biens qu'il produit soit le plus élevé possible. Le détenteur d'épargne ou d'une rente a au contraire intérêt à ce que les prix des marchandises soient le plus bas possible et le revenu de l'épargne le plus élevé possible (Pareto, 1916, § 2231). Sociologiquement parlant, on a également affaire à deux types sociaux contrastés. Les entrepreneurs sont généralement des gens aventureux, ouverts à la nouveauté dans tous les domaines ; chez eux, « l'instinct des combinaisons » est bien développé. Les simples possesseurs d'épargne, au contraire, sont souvent des gens « tranquilles, timorés » que le changement n'enthousiasme pas car ils savent qu'ils sont voués à en faire les frais (*ibid.*, § 2232).

Cette opposition idéal-typique conduit Pareto à une classification dichotomique plus générale. Dans la catégorie des « spéculateurs », il place toutes les personnes « dont le revenu est essentiellement variable et dépend de leur habileté à trouver des ressources de gain » : entrepreneurs, détenteurs d'actions, spéculateurs immobiliers, spéculateurs en Bourse, banquiers tirant un profit des emprunts d'État et des prêts ainsi que toutes les personnes qui dépendent de ceux-là et tirent un avantage de leurs opérations (*ibid.*, § 2233). Dans la catégorie des « rentiers » sont alors rangés « les personnes dont le revenu est fixe ou presque fixe et dépend peu par conséquent des combinaisons ingénieuses que l'on peut imaginer » : possesseurs d'épargne, bénéficiaires de rentes viagères ou de pensions, détenteurs de titres à revenu fixe, propriétaires d'immeubles et de terrains étrangers à la spéculation, enfin les agriculteurs, les ouvriers et les employés qui dépendent de ces personnes (*ibid.*, § 2234, 2235). Les spéculateurs sont des individus chez qui prédominent les résidus de la première classe : l'instinct des combinaisons. Ils sont à la base du changement économique et social. Chez les rentiers au contraire prédominent les résidus de la deuxième classe : la persistance des agrégats. Ces derniers constituent « un puissant élément de stabilité ». Une société équilibrée est une société où ni l'une ni l'autre de ces deux catégories ne prédomine exclusivement (*ibid.*, § 2235). Les spéculateurs ne sont nullement des individus qui « mettent à exécution des desseins pervers » ; ce sont des gens qui « se préoccupent simplement de leurs affaires, et chez lesquels les résidus de la première classe sont puissants ».

Les dosages divers de spéculateurs et de rentiers – en d'autres termes, d'individus chez qui prédominent les résidus de la première ou de la deuxième classe – dans la classe dirigeante rendent compte d'un style de gouvernement. Selon Pareto, on trouve dans la classe gouvernementale des individus (A) qui œuvrent honnêtement au service de fins idéales et des individus (B) qui sont plus orientés vers la défense ou la promotion d'intérêts. Parmi ces derniers, on trouve des individus (B-α) qui jouissent du pouvoir et des honneurs tout en procurant à leurs clients des avantages matériels et des individus (B-β) qui ne visent que des avantages matériels pour eux-mêmes et pour leurs clients. Chez les (A), ce sont les résidus de la deuxième classe qui l'emportent nettement : on appelle ces personnes « honnêtes, fanatiques, sectaires, suivant le point de vue auquel on les considère ». Chez les (B), ce sont les résidus de la première classe qui prédominent ; « c'est pourquoi ces personnes sont plus aptes à gouverner. » (*ibid.*, § 2254, 2268).

Pareto distingue deux sortes de gouvernements : ceux qui font principalement usage de la force, qu'il s'agisse de la force matérielle ou de la force de certains sentiments, religieux ou autres, et ceux qui font principalement usage de l'artifice et de la ruse, artifice et ruse utilisés pour agir sur des sentiments ou pour agir sur des intérêts. Lorsque les gouvernements s'appuient avant tout sur la force, les résidus de la deuxième classe – persistance des agrégats – prédominent sur ceux de la première dans la classe gouvernante. On a affaire à des gouvernements qui ne stimulent pas la vie économique, soit qu'ils répugnent de manière générale à la nouveauté, soit qu'ils ne favorisent guère les personnes animées de l'instinct des combinaisons économiques. Dans ce cas de figure, la circulation des élites est plutôt lente. L'idéal des gouvernements de ce type est « une nation figée dans ses institutions ». Pareto cite à cet égard « Sparte, Rome au temps du Bas-Empire, la Venise décadente » mais, au XXe siècle, l'Union Soviétique a fourni l'exemple d'une société en grande partie figée pendant sept décennies. Lorsque les gouvernements s'appuient avant tout sur l'artifice et la ruse, ce sont les résidus de la première classe qui prédominent dans la classe gouvernante. Pour agir de cette façon de manière efficace – qu'il s'agisse d'influencer les sentiments ou les intérêts –, il faut en effet « posséder l'instinct des combinaisons à un haut degré, et ne pas être retenu par trop de scrupules ».

Dans leur forme moderne, ces gouvernements sont des gouvernements de « spéculateurs », au sens que Pareto donne à ce terme. Dans ce cas, la circulation des élites « atteint un maximum » (*ibid.*, § 2274-2276). Sur cette base, Pareto suggère des mouvements de circulation des élites qui se combinent avec des cycles économiques. Les périodes d'augmentation rapide de la prospérité économique sont favorables aux « spéculateurs » qui s'enrichissent et pénètrent dans la classe gouvernante. Ces périodes sont au contraire défavorables aux « rentiers » aux revenus fixes ou presque fixes dont le rôle décline dans la classe gouvernante. Des mouvements inverses s'observent dans les périodes de stagnation économique. Si la tendance générale est à l'accélération du progrès économique et si les périodes de prospérité croissante l'emportent sur les périodes de stagnation, la classe gouvernante attire de plus en plus de « spéculateurs ». Ceux-ci y renforcent les résidus de la première classe, à savoir l'instinct des combinaisons. En revanche, la proportion des « rentiers » se réduit, provoquant ainsi un affaiblissement des résidus de la deuxième classe : la permanence des agrégats. Un tel changement dans la composition de la classe gouvernante a des effets cumulatifs : il incite au dynamisme économique et provoque un accroissement de la prospérité. À ce moment, « surgissent de nouvelles forces qui neutralisent le mouvement ». Un processus inverse peut être attendu lorsque prédominent les périodes de stagnation économique (*ibid.*, § 2310, 2311).

En décrivant les types sociaux du « rentier » et du « spéculateur », Pareto suggère fortement que le processus cyclique de circulation des élites se double d'un processus de reproduction des élites. Les « rentiers » ne jouent à cet égard qu'un rôle effacé : ils sont en effet « très faciles à gouverner et aussi à dépouiller ». En revanche, les « spéculateurs », décrits par Pareto, apparaissent comme des gens audacieux et habiles. « En apparence, ils se soumettent toujours à qui dispose de la force ; mais ils travaillent par dessous et savent détenir la réalité du pouvoir dont d'autres n'ont que le semblant ». De cette façon, ils survivent à tous les changements de régime : « si l'orage gronde, ils courbent la tête sous la rafale, mais la redressent sitôt qu'elle a passé ». Ainsi, leur capacité d'adaptation aux réalités nouvelles est remarquable. « Leurs opinions sont toujours celles qui leur sont le plus profitables sur le moment : hier conservateurs, ils sont aujourd'hui démagogues ; demain ils seront anarchistes, pour peu que les anarchistes soient près de s'emparer du pouvoir » (*ibid.*, § 2313). Néanmoins, pas plus que les « rentiers », les « spéculateurs » ne sont rompus à l'usage de la force. Outre les « rentiers », prudents jusqu'à l'excès, et les « spéculateurs » ne reculant pas devant le risque, il faut alors prendre en compte « les éléments sachant et voulant faire usage de la force, et chez lesquels existent puissantes les persistances des agrégats ». Ces derniers balaient le pouvoir des « spéculateurs » ou, plus généralement, des personnes « expertes en l'art des combinaisons ». Un cycle de plus grande ampleur débute alors. « Ainsi commence une nouvelle période, durant laquelle peu à peu les catégories vaincues reviennent au pouvoir, pour en être ensuite de nouveau dépossédées, et ainsi de suite » (*ibid.*, § 2319).

Dans cette conception cyclique de l'histoire, les périodes de transition sont les périodes mises à profit par les « spéculateurs » au sens de

Pareto, pour préparer leur adaptation au nouvel ordre social qui est en train de naître. Il s'agit de périodes où les valeurs et les normes sont ébranlées et où, pour s'exprimer à la manière de Tocqueville, « rien ne semble plus défendu, ni permis, ni honnête, ni honteux, ni vrai, ni faux » (Tocqueville, 1990, p. 13-14). C'est alors qu'on voit les élites établies perdre peu à peu de leur influence, se fragmenter et s'ouvrir à de nouveaux venus. C'est alors également que les phénomènes de reproduction et de circulation des élites apparaissent de plus en plus nettement.

Circulation et reproduction des élites

Pour Gaetano Mosca, quels que soient les types d'organisation et les modes de recrutement des élites, il y a une caractéristique qui est prédominante et qui rend compte tant de phénomènes de reproduction que de phénomènes de circulation des élites, c'est « l'aptitude à diriger ». Il s'agit, compte tenu de l'époque et de la « formule politique », des « qualités personnelles » qui paraissent requises pour exercer des fonctions de direction. Ces qualités varient : « Elles se modifient parce que les conditions intellectuelles, morales, économiques et militaires de chaque peuple changent continuellement ». À ces caractéristiques qui peuvent être appréciées de façon plus ou moins objective, viennent s'ajouter des éléments intimement subjectifs : « la volonté de dominer et la conscience de posséder les qualités requises » (Mosca, 1955, p. 328-329). Selon Mosca, les modifications des caractéristiques requises pour faire partie de l'élite dirigeante varient parfois très lentement. Dans ce cas, les nouveaux venus qui s'infiltrent un à un dans les classes dirigeantes n'en modifient pas rapidement « le caractère et l'esprit ». À certaines époques, au contraire, les modifications sont « rapides et tumultueuses ». Dans ce cas, la transformation de l'élite dirigeante « par substitution d'éléments nouveaux aux anciens » peut s'achever en « l'espace d'une ou deux générations » (*ibid.*, p. 329). Pour Mosca, lorsque l'évolution se fait dans la longue durée, la tendance prédominante est la tendance « aristocratique » ; lorsqu'elle est plus rapide, c'est la tendance « démocratique » qui prédomine (*ibid.*, p. 329 et 1953, chap. 4). Selon lui, ces deux tendances sont aux prises dans n'importe quel régime, l'une variant en proportion inverse de l'autre. « Le triomphe absolu de la tendance aristocratique » lui paraît une impossibilité empirique car cela impliquerait une société absolument immuable. « Le triomphe absolu de la tendance démocratique apparaît tout aussi inconcevable car cela supposerait que les enfants n'héritent pas « des moyens matériels, des relations et des connaissances de toutes sortes » qui permirent à leurs pères d'accéder à l'élite dirigeante (Mosca, 1955, p. 329). À ce propos, Mosca rompt une lance contre les tendances marxistes qui voient dans la propriété privée – des terres, des capitaux, des moyens de production – la cause principale de la reproduction héréditaire de l'influence politique. Si la propriété des moyens de production était transférée à l'État, estime-t-il, cela n'atténuerait nullement la transmission héréditaire des positions influentes. Dans ce cas, ceux qui administrent l'État – et qui sont toujours une minorité – cumuleraient pouvoir politique et pouvoir économique. « Ils disposeraient par conséquent d'énormes moyens pour faciliter la carrière de leurs propres enfants et aussi des personnes qu'ils désirent favoriser » (*ibid.*, p. 329-330).

Pour ce qui est de combinaisons multiples de phénomènes de circulation et de reproduction des élites au cours d'une période de transition, l'Europe de l'Est sortant du communisme a constitué pendant toute la décennie des années 1990 un laboratoire en vrai grandeur (Coenen-Huther, 2000, p. 135-149). Si le début de la transition dans laquelle se sont engagés les pays en question est marqué par l'événement symbolique de la chute du mur de Berlin en 1989, on peut en voir l'amorce dans la *perestroïka* soviétique qui commença en 1985. La « formule politique » soviétique, englobant un ensemble de prescriptions idéologiques relatives à l'organisation de la vie économique, avait alors achevé de perdre sa crédibilité. Auparavant, la période Brejnev, qualifiée ultérieurement de « période de stagnation », qui s'étendit de 1966 à 1982, fut caractérisée non seulement par l'essouflement économique mais aussi par une politique délibérée de « stabilité des cadres » qui permit à une génération de dirigeants âgés – les « cadres rouges » aux qualifications rudimentaires ou devenues inadéquates – de se maintenir en poste alors que des éléments plus jeunes et mieux formés se voyaient frustrés dans leurs espoirs de promotion (Hanley *et al.*, 1995, p. 644-647). Entre 1985 et 1988, les efforts de l'équipe Gorbatchev visèrent à remplacer « l'élite gérontocratique de 1982 » par une nouvelle *nomenklatura*, plus jeune, de formation plus récente, aux qualifications mieux adaptées aux exigences de l'époque (*ibid.*, p. 647-648). Au-delà du rajeunissement de l'élite dirigeante, on a pu voir dans la stratégie gorbatchevienne une tentative pragmatique d'adaptation à la logique capitaliste de la globalisation qui menaçait de marginaliser complètement les économies de type soviétique. Il s'agissait donc d'une rupture de fait avec une « formule politique » discréditée depuis deux décennies aux yeux mêmes de ceux qui continuaient à en bénéficier mais qui craignaient de ne plus pouvoir en bénéficier très longtemps (Staniszkis, 1991*a*, p. ix et p. 13). Alors que les positions politiques influentes cessaient d'offrir les mêmes garanties de stabilité qu'au cours de la décennie précédente, la propriété privée en vint à être considérée comme une option réelle, à la fois comme instrument de relance d'une économie stagnante et comme support de carrières ascendantes (Kryshtanovskaya et White, 1996, p. 716).

L'onde de choc qui suscita des changements de nature révolutionnaire dans tous les pays européens de l'ancien « camp socialiste » est donc partie de Russie. C'est pourtant dans ce pays que l'aptitude des élites dirigeantes à survivre aux péripéties de la transition fut la plus forte, véritable illustration d'une vérité parétienne selon laquelle il est « difficile de déposséder une classe gouvernante qui sait se servir de la ruse, de la fraude, de la corruption, d'une manière avisée » (Pareto, 1916, § 2179). L'analyse de trois générations de dirigeants politiques – la génération Brejnev, la génération Gorbatchev et la génération Eltsine – indique qu'au milieu des années 1990, environ 75 % de l'administration présidentielle, près de 75 % des membres du gouvernement et plus de 80 % des élites régionales étaient constitués de membres de la *nomenklatura* soviétique. Dans la génération Eltsine, plus de 30 % des dirigeants au niveau national ou régional ont commencé leur carrière de « nomenklaturistes » sous Brejnev. Quant aux élites régionales de la même génération, la proportion de ceux qui ont commencé leur carrière par la voie de la *nomenklatura* sous Brejnev s'élève à plus de 50 % ; il s'agit au surplus d'héritiers de statuts privilégiés acquis par la génération antérieure (Kryshtanovskaya et White, 1996, p. 728). Jusqu'à la fin des années 1980, ceux qui n'étaient pas membres du Parti communiste avaient très peu de chances d'accéder aux postes de commande de l'administration d'État ou de l'appareil économique. En 1988 encore, 97 % des postes réservés à la *nomenklatura* étaient occupés par des membres du Parti. En 1993, la situation avait évolué, mais pas de manière fondamentale puisque 80 % de l'élite politique ou économique avaient adhéré au Parti à l'un ou l'autre moment de leur carrière. Par ailleurs, les postes de direction dans les entreprises d'État sont assurés en très grande majorité dans les années 1990 par des cadres qui ont acquis l'expérience de la gestion sous le régime communiste (Hanley *et al.*, 1995, p. 655-659). L'impression générale qui se dégage de tout ceci est celle de la réorganisation d'un système de pouvoir oligarchique et autoritaire, combinant une grande part de continuité globale – atténuée à première vue par des effets de génération – et des processus de circulation accélérée au sein même de l'élite dirigeante.

Dans les autres États placés dans l'orbite soviétique, des processus anticipant largement les événements de 1989 sont également d'une pertinence incontestable. De manière tout à fait générale, avec des variantes selon les pays, on assista à l'émergence graduelle d'une nouvelle élite – tant politique qu'économique – relativement indifférente aux principes idéologiques qui animaient la génération précédente ; on la qualifie de différentes façons : l'élite pragmatique (Rona-Tas, 1994), la nouvelle technocratie (Szelenyi et Szelenyi, 1995), les transformateurs (Kabakchieva, 1996), la nouvelle *nomenklatura* (Tilkidjiev, 1996), la *nomenklatura* tardive (Vladimirov, 1996). Ceci introduit une distinction générationnelle importante entre l'élite ancienne – élite du pouvoir à base idéologique – et une élite nouvelle, combinant les traits d'une élite du pouvoir, d'une élite de position et d'une élite de fonction. Et selon qu'on prend cette distinction en compte ou non, on peut être conduit à des diagnostics assez différents concernant la capacité d'adaptation des élites communistes au cours de la décennie post-communiste. Si l'on centre son attention sur les partisans inconditionnels des régimes de type soviétique qui furent installés en Europe centrale et orientale après la Deuxième Guerre mondiale, on peut être amené à adhérer à la thèse de la circulation des élites. Si en revanche, on examine également la situation de la nouvelle élite – plus qualifiée et plus jeune – apparue au début des années 1980, le jugement ne peut qu'être beaucoup plus nuancé (Baylis, 1998, p. 276-277). Les événements de la période de transition furent préparés par une phase de dégradation de l'économie socialiste dans les pays concernés (Rona-Tas, 1994, p. 47). On a donc affaire à un processus qui s'est déroulé en deux temps ; la thèse de la circulation des élites dirigeantes s'applique à la phase de dégradation de l'économie socialiste tandis que la thèse de la reproduction de l'élite s'applique à la phase suivante : celle de la transition (*ibid.*, p. 47-48).

Les données rassemblées en Hongrie en 1989 et en 1991 indiquaient que les anciens cadres du régime communiste s'adaptaient relativement facilement aux exigences du nouveau secteur privé. Ils semblaient bénéficier d'un avantage certain dans la conduite des affaires. Cet avantage résultait en partie de leur niveau d'éducation mais ne saurait être réduit à cela ; le fait d'avoir occupé une position de pouvoir sous le régime communiste constituait en soi une variable discriminante (*ibid.*, p. 58). Les données disponibles suggèrent la combinaison d'une incontestable continuité technocratique – le niveau et le type de formation – et d'une forme de conversion du pouvoir : l'aptitude à transformer le pouvoir politique en atout économique. Des recherches empiriques conduites en Hongrie, en République tchèque et en Allemagne de l'Est montrent que c'est la similitude des formations requises pour faire carrière dans le Parti et pour accéder à la direction des entreprises qui est la source principale de la continuité observée. Mais la fonction d'entrepreneur – capitaliste ou socialiste – est largement tributaire d'un réseau social (Grabher et Stark, 1998, p. 64). Aussi, lorsqu'ils occupent les postes de responsabilité des nouvelles entreprises privées, les cadres de l'ancien régime sont mieux en mesure que d'autres de s'appuyer sur les configurations informelles qui résistent à la création de nouvelles institutions (Rona-Tas, 1994, p. 62). Comme en Russie, les ressources relationnelles ayant permis autrefois l'exercice de fonctions de direction dans le cadre de l'économie socialiste, en vue de faire face à ses contraintes spécifiques, restaient un avantage pour développer des stratégies d'entreprise efficaces dans un contexte modifié. Elles étaient devenues en outre un atout essentiel pour prospérer dans le flou institutionnel et juridique de la période de transition. La nouvelle élite économique ne vient donc pas de l'économie privée marginalisée au cours des décennies précédentes mais bien des rangs des cadres socialistes (Grabher et Stark, 1998, p. 61). En conséquence, l'élite communiste de la deuxième génération est largement bénéficiaire des changements intervenus dans les années 1990. Outre sa disponibilité idéologique, elle bénéficie d'un niveau de formation bien réel, d'une expérience de la gestion, de ressources relationnelles héritées de la phase précédente et d'une évidente absence de scrupules dans l'application des méthodes brutales du capitalisme sauvage (Juchler, 1994, p. 117-118.) Toutes les données portant sur l'Europe de l'Est des années 1990 pointent donc dans le même sens : elles montrent que le mouvement total ayant affecté les élites combine leur reproduction et leur circulation.

— Conclusion —

Dans l'étude des élites comme dans d'autres domaines, les analyses sociologiques prennent leur point de départ dans des notions de sens commun et dans des termes du langage courant. Pareto pouvait se croire libéré des connotations normatives du langage habituel mais il ne put jamais tout à fait s'affranchir des ambiguïtés conceptuelles que ce langage véhicule ; sa double définition de l'élite en témoigne. Sans doute avait-il coutume d'affirmer que les mots importent peu et qu'on peut aussi bien les remplacer par des lettres de l'alphabet. Mais il est hautement improbable qu'une théorie sociologique puisse avoir une quelconque résonance sans l'aide de mots qui la rende intelligible pour le commun des mortels. On peut se sentir appelé à réagir à des propos sur l'élite et la masse, ou sur les élites et la démocratie. On est moins tenté de participer à un débat sur des *x* et des *y*. Pareto lui-même, bien qu'il s'en défende à plusieurs reprises, n'a jamais cessé de formuler des propositions théoriques dans des termes éveillant l'une ou l'autre réaction normative chez ses lecteurs.

Toute élite constitue donc un objet socialement préconstruit sur lequel se greffent après coup des tentatives d'analyses libérées des préjugés et des passions du sens commun. Mais l'énoncé à ambition scientifique frôle ici à tout moment le discours chargé d'idéologie. Tout d'abord, parce que l'intérêt pour les élites prend généralement sa source dans des préoccupations extra-scientifiques tout comme l'intérêt pour la stratification sociale et les inégalités de classes. Ensuite, parce que tout exposé sur le sujet, dans la mesure où il s'en prend à certaines préconceptions, est immanquablement taxé de biais normatif par ceux dont il remet en question la vision du monde. Actuellement, on l'a vu, la notion même d'élite – qu'elle soit fondée sur l'excellence ou sur la prééminence – heurte la sensibilité de nombre de nos contemporains.

Sur un point toutefois, la théorie des élites est plus en harmonie avec l'air du temps : à l'encontre de l'optimisme scientiste du XIXe siècle, elle rompt avec l'idée de progrès héritée de la philosophie des Lumières et renoue avec une conception cyclique de l'histoire qui met en évidence des constantes de la vie en société. Pour les classiques de la théorie des élites, il n'y a pas de fin de l'histoire d'où surgirait un monde égalitaire et une humanité libérée des entraves du passé. Les mêmes causes structurelles produisent les mêmes effets psychosociaux. La complexité sociale liée à la modernité provoque une différenciation des positions et des fonctions qui provoque de nombreuses asymétries de pouvoir. Le fait même de l'organisation – en raison d'effets de systèmes – est source de distance sociale et d'inégalités voulues ou non. Le pouvoir entraîne des privilèges et offre les moyens de justifier l'existence de ces privilèges. Il arrive que l'ordre social soit bouleversé, que certains privilèges disparaissent et que des catégories privilégiées soient balayées par l'histoire. Mais tôt ou tard, les privilèges renaissent sous de nouvelles formes, au profit d'autres personnes, avec d'autres justifications.

Dans cette perspective « désenchantée », une société égalitaire est une impossibilité empirique bien qu'il existe des sociétés moins inégalitaires que d'autres et des dominations plus supportables que d'autres. Tout ensemble social de quelque ampleur comporte des individus qui dirigent et d'autres qui se soumettent plus ou moins docilement à leur directives. La démocratie, au sens de gouvernement « du peuple, par le peuple, pour le peuple » relève de l'utopie sociale. Peut toutefois être considéré comme démocratique un régime fondé sur la compétition libre des élites pour les suffrages de la population. Ces élites elles-mêmes peuvent être dites démocratiques lorsqu'elles sont d'un accès pas trop malaisé et qu'elles restent soumises à des mécanismes de contrôle. Mais l'accès à l'élite n'est jamais complètement égalitaire, même si de nombreux obstacles peuvent être levés : les phénomènes de reproduction sociale rendent l'égalité des chances en grande partie illusoire. Par ailleurs, l'existence de procédures de délégation de pouvoir est en soi créatrice d'inégalités. Ces inégalités rendent très aléatoires les possibilités réelles de contrôle. Livrés à eux-mêmes, les bénéficiaires de ces inégalités tendent consciemment ou non à transformer la délégation en domination. Il peut même arriver que certains d'entre eux se retrouvent en position de domination sans l'avoir voulu. C'est ce qui a pu faire dire que le pouvoir corrompt et que le pouvoir absolu – non équilibré par des contre-pouvoirs – corrompt absolument. Dans la mesure où elle s'inscrit dans la durée, la domination des uns par les autres est toutefois un phénomène relationnel. Elle comporte en effet un élément de légitimité qui ne peut surgir que d'une acceptation au moins tacite de la domination par les dominés.

Le regard apparemment désabusé – mais surtout profondément réaliste et lucide – que jettent les théoriciens des élites sur l'ordre social et son devenir a d'incontestables affinités avec le courant formaliste en sociologie. Dans cette optique, héritée de Georg Simmel, il est possible de dégager des éléments formels ou structurels qui sont autant de contraintes pour l'action humaine, quels que soient par ailleurs les objectifs des acteurs. Les modalités de l'action collective imposent dès lors une certaine logique qui s'avère indépendante des justifications d'ordre idéologique ou doctrinal que se donnent les intéressés. C'est ainsi que s'explique le paradoxe de la « loi d'airain de l'oligarchie ». Des organisations vouées à un projet socio-politique égalitaire deviennent de plus en plus inégalitaires dans leur fonctionnement interne, non en raison d'une prétendue « nature humaine » dont il faudrait désespérer mais en raison des contraintes organisationnelles et des effets de structure impossibles à neutraliser : croissance, différenciation, hiérarchisation.

Le message de la sociologie paraît à ce propos bien pessimiste, suggérant au fond, pour s'exprimer familièrement, que « plus cela change, plus c'est la même chose » Est-ce bien la peine, se demandera-t-on, d'édifier une science de la vie en société pour aboutir à des conclusions si peu encourageantes pour les hommes et les femmes épris de justice et de progrès ? La sociologie ne méconnaît certainement pas la liberté humaine. Les être humains sont libres et leur liberté inclut celle de concevoir de généreux projets de société s'écartant toujours plus de l'état de nature. Mais que les rêves sans cesse renouvelés de l'humanité se heurtent encore et toujours aux mêmes obstacles indique bien que notre liberté s'exerce dans le cadre de paramètres limitatifs qu'il est vain de vouloir ignorer. La sociologie nous aide à prendre une claire conscience des pesanteurs structurelles qui pèsent sur nos comportements. Ce faisant, elle ne réduit pas notre marge de manœuvre par rapport à tout ce qui nous contraint : elle l'élargit et nous offre la possibilité d'en user plus efficacement par rapport à nos propres objectifs. Ne pas tenir compte de ses enseignements serait abdiquer notre raison et se refuser à l'action réfléchie.

— Bibliographie —

ALBATS Evguenia, *La Bombe à retardement. Enquête sur la survie du KGB*, trad. fr., Paris, Plon, 1995 (1e éd. russe, 1992).

ALBERTONI Ettore, *Doctrine de la classe politique et théorie des élites*, trad. fr., Paris, Méridiens-Klincksieck, 1987 (1re éd. italienne, 1985).

ARMAND Louis et DRANCOURT Michel, *Plaidoyer pour l'avenir*, Paris, Calmann-Lévy, 1961.

ARON Raymond, « Classe sociale, classe politique, classe dirigeante », *Archives européennes de Sociologie*, vol. 1, 1960, p. 260-281.

– *Les Étapes de la pensée sociologique*, Paris, 1967. Réédition , Gallimard, coll. « Tel », 1991.

– « Préface », *in* : V. Pareto, *Traité de sociologie générale*, Genève, Droz, 1968, p. VII-XXVIII.

– *Mémoires. Cinquante ans de réflexion politique*, Paris, Julliard, 1983.

– *Le Marxisme de Marx*, Paris, Éditions de Fallois, 2002.

BACHRACH Peter, *The Theory of Democratic Elitism. A Critique*, Boston, Little, Brown and Company, 1967.

BAUER Michel, « La gauche au pouvoir et le grand patronat : sous les pavés ... des mouvements de la classe dirigeante », *in* Pierre BIRNBAUM Éd., *Les Élites socialistes au pouvoir 1981-1985*, Paris, PUF, 1985, p. 263-306.

BAUER Michel et BERTIN-MOUROT Bénédicte, « La triple exception française. A propos de la formation des élites », *Esprit*, no 10, octobre 1997, p. 47-59.

BAYLIS Thomas A., « Elite Change After Communism: Eastern Germany, the Czech Republic, and Slovakia », *East European Politics and Societies*, vol. 12, no 2, 1998, pp. 265-299.

BEETHAM David et PETRIE Julian, « Elitism », *in* Michael MANN Ed., *The MacMillan Student Encyclopedia of Sociology*, Londres, The MacMillan Press, 1983, p. 108-109.

BERLE Adolf A. et MEANS GARDINER C., *The Modern Corporation and Private Property*, New York, MacMillan, 1936.

BIRNBAUM Pierre, *Les Sommets de l'État. Essai sur l'élite du pouvoir en France*, Paris, Seuil, 1977.

BIRNBAUM Pierre, BARUCQ Charles, BELLAICHE Michel et MARIÉ Alain, *La Classe dirigeante française. Dissociation, interpénétration, intégration*, Paris, PUF, 1978.

BIRNBAUM Pierre Éd., *Les Élites socialistes au pouvoir 1981-1985*, Paris, PUF, 1985.

BLUM Léon, « Préface », *in* James BURNHAM, *L'Ère des organisateurs*, Paris, Calmann-Lévy, 1947.

BOBBIO Norberto, *On Mosca and Pareto*, Genève-Paris, Droz, 1972.

BOTTOMORE Tom B., *Élites et sociétés*, trad. fr., Paris, Stock, 1964 (1e éd. anglaise, 1964).

BOUDON Raymond, *L'Inégalité des chances*, Paris, Armand Colin, 1973.

– *Effets pervers et ordre social*, Paris, PUF, coll. « Sociologies », 1979.

BOUDON Raymond et BOURRICAUD François, *Dictionnaire critique de la sociologie*, Paris, PUF, 1982, rééditions.

BOUGLÉ Célestin, *Essai sur le régime des castes*, Paris, Alcan, 1908.

BOURDIEU Pierre, *La Noblesse d'État. Grandes écoles et esprit de corps*, Paris, Éditions de Minuit, 1989.

– *Raisons pratiques. Sur la théorie de l'action*, Paris, Seuil, coll. « Points/Essais », 1994.

– *Sur la télévision*, Paris, Liber Éditions, 1996.

BOURDIEU Pierre et PASSERON Jean-Claude, *Les Héritiers. Les étudiants et la culture*, Paris, Éditions de Minuit, 1964.

BURNHAM James, *L'Ère des organisateurs*, préface de Léon Blum, trad. fr., Paris, Calmann-Lévy, 1947 (1e éd. anglaise, 1941).

– *Les Machiavéliens, défenseurs de la liberté*, trad. fr., Paris, Calmann-Lévy, 1949 (1e éd. anglaise, 1943).

BUSINO Giovanni, *Élites et bureaucratie*. Une revue analytique des théories contemporaines, *Revue européenne des sciences sociales*, numéro spécial, vol. XXVI, no 80, Genève, Droz, 1988*a*.

– « La loi d'airain de l'oligarchie de Robert Michels » *in* Giovanni BUSINO, *Élites et bureaucratie*, p. 63-70, 1988*b*.

– « Premiers jalons d'un élitisme démocratique » *in* Giovanni BUSINO, *Élites et bureaucratie*, p. 97-104, 1988*c*.

– *Élite(s) et élitisme*, Paris, PUF, coll. « Que Sais-je ? », 1992.

CHAZEL François, « Pouvoir », *in* Raymond BOUDON Éd., *Traité de sociologie*, Paris, PUF, 1992, chap. 5, p. 195-226.

CLARK Terry, *Prophets and Patrons: The French University and the Emergence of the Social Sciences*, Cambridge, Mass., Harvard University Press, 1973.

Clifford-Vaughan Michalina, « Some French Concepts of Elites », *British Journal of Sociology*, vol. 11, p. 319-331, 1960.

Coenen-Huther Jacques, *Le fonctionnalisme en sociologie : et après ?* Bruxelles, Éditions de l'Université de Bruxelles, 1984.

– *Tocqueville*, Paris, PUF, coll. « Que Sais-je ? », 1997.

– « The Paths of Recognition: Boudon, Bourdieu and the « Second Market » of Intellectuals », *International Journal of Contemporary Sociology*, vol. 35, n° 2, 1998, p. 208-216.

– « L'Europe de l'Est en transition : circulation ou reproduction des élites ? », *Revue Européenne des Sciences Sociales*, tome XXXVIII, n° 118, 2000, p. 135-149.

Czudnowski Moshe M. et Eulau Heinz, *Elite Recruitment in Democratic Polities*, New York, Wiley and Sons, 1976.

Dagnaud Monique et Mehl Dominique, « Décideurs et sous-élite : distance et connivence », *Sociologie du travail*, vol. XVII, n° 2, 1985, p. 122-136.

Dahl Robert A., « A Critique of the Ruling Elite Model », in *American Political Science Review*, vol. 52, n° 2, 1958, p. 463-469. Repris *in* : John Scott, Ed., *The Sociology of Elites*. vol 1 : *The Study of Elites*, Aldershot, Edward Elgar Publishing Ltd., 1990, chap. 5, p. 61-67.

– *Who Governs ? Democracy and Power in American City*, New Haven, Yale University Press, 1961.

– *Polyarchy. Participation and Opposition*, New Haven, Yale University Press, 1971.

Dahrendorf Ralf, *Classes et conflits de classes dans la société industrielle*, trad. fr., Paris-La Haye, Mouton, 1972 (1e éd. allemande, 1957).

Degenne Alain et Forsé Michel, *Les Réseaux sociaux*, Paris, Armand Colin, 1994, 2e éd. 2004.

Delruelle-Vosswinkel Nicole, *Les notables en Belgique*, Bruxelles, Éditions de l'Université de Bruxelles, 1972.

Di Palma Giuseppe, *The Study of Conflict in Western Society : A Critique of the End of Ideology*, Morristown, N.J., General Learning Press, 1973.

Djilas Milovan, *La Nouvelle classe dirigeante*, trad. fr., Paris, Plon, 1958 (1re éd. anglaise, 1957).

Domenach Jean-Marie, « Réponse à Louis Armand », *L'Express*, n° 456, 30-11-61, 1961*a*.

– « Plaidoyer pour la politique », *L'Express*, n° 457, 7-12-61, 1961*b*.

Dreitzel Hans P., *Elitebegriff und Sozialstruktur*, Stuttgart, Enke Verlag, 1962.

Dupréel Eugène, *Sociologie générale*, Paris, PUF, 1948.

Durkheim Émile, *Le Socialisme*, Paris, PUF, 1928 ; réédition coll. « Quadrige », 1992.

Duverger Maurice, *Les Partis politiques*, Paris, Armand Colin, 1951, 4e édition 1961.

EISERMANN Gottfried, *Max Weber und Vilfredo Pareto. Dialog und Konfrontation*, Tübingen, J.C.B. Mohr (Paul Siebeck), 1989.

ENDRUWEIT Günter, *Beiträge zur Soziologie*, vol II : *Allgemeine Soziologie*, Christian-Albrechts-Universität zu Kiel, Soziologische Arbeitsberichte, n° 25, 1998, chapitre V, *Eliten*, p. 245-269.

EULAU Heinz, « Elite Analysis and Democratic Theory », *in* M. M. CZUDNOWSKI et H. EULAU, *Elite Recruitment in Democratic Polities*, New York, Wiley and Sons, 1976, p. 7-28.

FIELD G. Lowell et HIGLEY John, *Elitism*, Londres, Routledge and Kegan Paul, 1980.

FIELD G. Lowell, HIGLEY John et BURTON Michael, « A New Elite Framework for Political Sociology », *Revue Européenne des Sciences Sociales*, vol. XXVIII, n° 88, 1990, p. 149-182.

FOUGEYROLLAS Pierre, « Bureaucratie et technocratie », *Arguments*, n° 17, 1950.

FRIEDBERG Erhard, *Le Pouvoir et la règle. Dynamique de l'action organisée*, Paris, Seuil, 1993.

GERSTENMAIER Eugen, « Sinn und Schicksal der Elite in der Gemeinschaft », *Bulletin des Presse und Informationsamtes der Bundesregierung*, n° 168, p. 1691-1692 et n° 169, p. 1699-1701, 1958.

GIDDENS Anthony, « Elites in the British Class Structure », *in* John SCOTT Ed, *The Sociology of Elites*, vol. 1 : *The Study of Elites*, Aldershot, Edward Elgar Publishing Ltd, 1990, p. 345-361.

GRABHER Gernot et STARK David, « Organising Diversity: Evolutionary Theory, Network Analysis and Post-Socialism », *in* John PICKLES et Adrian SMITH Eds, *Theorising Transition. The Political Economy of Post-Communist Tranformations*. Londres et New York, Routledge, 1998, p. 54-75.

GURVITCH Georges, *La Vocation actuelle de la sociologie*, tome I : *Vers la sociologie différentielle*, Paris, PUF, 3e édition revue, 1963.

– *La Vocation actuelle de la sociologie*, tome II : *Antécédents et perspectives*, Paris, PUF, 3e édition revue, 1963.

– Ed., *Traité de sociologie*, tome I, Paris, PUF, 3e édition revue, 1967.

HANLEY Eric, YERSHOVA Natasha et ANDERSON Richard, « Russia - Old Wine in a New Bottle? The Circulation and Reproduction of Russian Elites », 1983-1993, *Theory and Society*, vol. 24, 1995, p. 639-668.

HUNTER Floyd, *Community Power Structure*, Chapel Hill, N.C., University of North Carolina Press, 1953.

JAEGGI Urs, *Die gesellschaftliche Elite : eine Studie zum Problem der sozialen Macht*, Berne et Stuttgart, P. Haupt, 2e édition, 1967.

JANNE Henri, « Un modèle théorique du phénomène révolutionnaire ? », *Annales, Economies, Sociétés, Civilisations*, vol. 15, n° 6, p. 1138-1154.

– *Le Système social. Essai de théorie générale*, Bruxelles, Éditions de l'Institut de Sociologie, 1968.

JAVEAU Claude, *Éloge de l'élitisme*, Bruxelles, Le Grand Miroir, 2002.

JUCHLER Jakob, *Osteuropa im Umbruch. Politische, wirtschaftliche und gesellschaftliche Entwicklungen 1989-1993*. Zurich, Seismo Verlag 1994.

KABAKCHIEVA Petya, « The New Political Actors and their Strategies », *in* Jacques COENEN-HUTHER Ed., *Bulgaria at the Crossroads*. New York, Nova Science Publishers, 1996, p. 113-133.

KATZ Elihu et LAZARSFELD Paul, *Personal Influence. The Part played by People in the Flow of Mass Communication*, Glencoe, The Free Press, 1964.

KAUPPI Niilo, *French Intellectual Nobility: Institutional and Symbolic Transformation in the Post-Sartrean Era*, Albany, State University of New York Press, 1996.

KELLER Suzanne, *Beyond the Ruling Class. Strategic Elites in Modern Society*, New York, Random House, 1963.

KOLABINSKA Marie, *La Circulation des élites en France : étude historique depuis la fin du XIe siècle jusqu'à la Grande Révolution*, Lausanne, Imprimeries réunies, 1912.

KRYSHTANOVSKAYA Olga et WHITE Stephen, « From Soviet Nomenklatura to Russian Elite », *Europe-Asia Studies (formerly Soviet Studies)*, vol. 48, n° 5, 1996, p. 711-733.

LASCH Christopher, *La révolte des élites et la trahison de la démocratie*, trad. fr., Paris, Climats, 1996 (1e éd. américaine, 1995).

LASSWELL Harold D., *Power and Personality*, New York, W. W. Norton, 1948.

– « The Study of Political Elites », *in* Harold D. LASSWELL et Daniel LERNER, *World Revolutionary Elites. Studies in Coercive Ideological Movements*, Cambridge, Mass., The M.I.T. Press, 1965.

LAUMANN Edward O. et PAPPI Franz U., *Networks of Collective Action : A Perspective in Community Influence Systems*, New York, Academic Press.

LAZEGA Emmanuel, *Réseaux sociaux et structures relationnelles*, Paris, PUF, coll. « Que Sais-je ? », 1998.

LÉOTARD Marie-Laure de, *Le Dressage des élites*, Paris, Plon, 2001.

LE PLAY Frédéric, *Œuvres*, tome I, *Principes de paix sociale : la famille* ; tome II, *La réforme de la société. Le travail*, Paris, Éditions d'histoire et d'art, 1941.

LEWANDOWSKI Olgierd, « Différenciation et mécanismes d'intégration de la classe dirigeante. L'image sociale de l'élite d'après le Who's Who in France », *Revue française de Sociologie*, vol. XV, n° 1, 1974, p. 43-73.

LIPSET Seymour M., TROW Martin A. et COLEMAN James S., *Union Democracy. The Internal Politics of the International Typographical Union*, Glencoe, The Free Press, 1956.

LOPREATO Joseph et ALSTON Letitia, « Ideal Types and the Idealization Strategy », *American Sociological Review*, vol. 35, 1970, p. 88-96.

LOTTIERI Carlo, « Élitisme classique (Mosca et Pareto) et élitisme libertarien », *in* Alban BOUVIER Éd., *Pareto aujourd'hui*, Paris, PUF, coll. « Sociologies », 1999, p. 199-219.

MANNHEIM Karl, *Idéologie et utopie*, trad. fr. partielle, Paris, Marcel Rivière, 1956*a* (1e éd. anglaise, 1936).

– *Man and Society in an Age of Reconstruction*, Londres, Kegan Paul, Trench, Trubner, 1940.

– « The Democratization of Culture », *Essays on the Sociology of Culture*, Londres, Routledge and Kegan Paul, 1956*b*, p. 171-246.

MARSDEN P.V. et LAUMANN E.O., « Collective Action in a Community Elite : Exchange, Influences Processes and Issue Resolution », *in* R.J. LIEBERT et A. IMERSHEIM Ed., *Power, Paradigms and Community Research*, Londres, Sage, 1977, p. 199-250.

MARTINDALE Don, *The Nature and Types of Sociological Theory*, 2e édition, New York, Harper and Row, 1981.

MARX Karl, *Le Manifeste communiste*, *Œuvres*, Paris, Gallimard, La Pléiade, 1965, vol. 1, p. 159-195 (1e éd. 1848).

MEISEL James H., *The Myth of the Ruling Class*, Ann Arbor, The University of Michigan Press, 1962.

MENDRAS Henri et FORSÉ Michel, *Le Changement social. Tendances et paradigmes*, Paris, Armand Colin, 1983.

MERTON Robert K., *Social Theory and Social Structure*, enlarged edition, New York, The Free Press, 1968.

MICHELS Robert, *Les Partis politiques. Essai sur les tendances oligarchiques des démocraties*, trad. fr., Paris, Flammarion, 1914. Nouvelle édition, coll. « Champ politique », 1971 (1e éd. allemande, 1911).

MILLS C. Wright, « Introduction », *in* Thorstein VEBLEN, *The Theory of the Leisure Class*, Mentor Edition, New York, The New American Library, 1953. p. VI-XIX.

– *L'Élite du pouvoir*, trad. fr., Paris, Maspero, 1969 (1e éd. américaine, 1956).

MINC Alain, *Épîtres à nos nouveaux maîtres*, Paris, Grasset, 2002.

MOSCA Gaetano, *Sulla teorica dei governi e sul governo parlamentare. Studii storici e sociali*, Turin, Loescher, 1884.

– *Elementi di scienza politica*, 2 vol., Bari, Laterza, 1953 (1e éd., 1896).

– *Histoire des doctrines politiques depuis l'Antiquité jusqu'à nos jours*, trad. fr., Paris, Payot, 1937, nouvelle édition, 1955, (1e éd. italienne, 1936).

– « The Final Version of the Theory of the Ruling Class », in James H. MEISEL, *The Myth of the Ruling Class*, Ann Arbor, The University of Michigan Press, 1962.

– *La classe politica. A cura con un'introduzione di Norberto Bobbio*, Bari, Laterza, 1966.

NADEL S.F., « The Concept of Social Elites », *International Social Science Bulletin*, vol. 8, 1956, pp. 413-424. Repris *in* John SCOTT Ed., *The Sociology of Elites*. vol.1 : *The Study of Elites*, Aldershot, Edward Elgar Publishing Ltd, 1990, pp. 31-42.

NAVILLE Pierre, « La bureaucratie et la révolution », *Arguments*, n° 17, 1950.

ORTEGA Y GASSET José, *La Révolte des masses*, trad. fr., Paris, Stock, 1937 (1e éd. espagnole, 1930).

PARETO Vilfredo, *Les Systèmes socialistes*. Cours professé à l'Université de Lausanne, Paris, Giard et Brière, 2 vol., vol. I, 1902, vol. II, 1903.

– *Traité de sociologie générale*, *Œuvres complètes* éditées par Giovanni Busino, tome XII, Genève, Droz, 1968 (1e éd. italienne, 1916).

PARRY Geraint, *Political Elites*, Londres, George Allen and Unwin, 1969.

PARSONS T., BALES R. F. et SHILS E., *Working Papers in the Theory of Action*, Glencoe, The Free Press, 1953.

PUTNAM R., *The Comparative Study of Political Elites*, Englewood Cliffs, Prentice Hall, 1976.

REINHARD Wolfgang Éd., *Les Élites du pouvoir et la construction de l'État en Europe*, Paris, PUF, 1996.

RENAUT Alain, *Que faire des universités ?* Paris, Bayard, 2002.

RIESMAN David *et al.*, *La Foule solitaire*, trad. fr., Paris, Arthaud, 1964 (1e éd. américaine, 1950).

RIZZI Bruno, *La Bureaucratisation du monde*, 2 vol., Paris, Champ libre, 1976 (1e éd. italienne, 1939).

RONA-TAS Akos, « The First Shall Be Last? Entrepreneurship and Communist Cadres in the Transition from Socialism », *American Journal of Sociology*, vol. 100, no 1, 1994, p. 40-69.

ROSANVALLON Pierre, « Les élites françaises, la démocratie et l'État », entretien avec Pierre Rosanvallon, mené par Olivier Mongin et Lucile Schmid, *Esprit*, n° 10, octobre 1997, p. 60-72.

ROUSSEL Louis, *L'Enfance oubliée*, Paris, Odile Jacob, 2001.

SAINT-SIMON Claude-Henri, Comte de, *Œuvres*, Paris, Anthropos, vol. II, 1966 (1e éd., vol IV, 1869).

SARTORI Giovanni, *The Theory of Democracy Revisited*, vol. 1 : *The Contemporary Debate*, Chatham, NJ, Chatham House, 1987.

SCHLUCHTER Wolfgang, « Der Elitebegriff als soziologische Kategorie », *Kölner Zeitschrift für Soziologie und Sozialpsychologie*, vol. 15, 1963, p. 233-256.

SCHMALENBACH Hermann, « Die soziologische Kategorie des Bundes », *Die Dioskuren*, n° 1, 1922.

SCHUMPETER Joseph, *Capitalisme, socialisme et démocratie*, trad. fr., Paris, Payot, 1951 (1re éd. anglaise, 1942).

SCOTT Howard, *Introduction to Technocracy*, New York, John Day Company, 1933.

SCOTT John, Ed., *The Sociology of Elites*. vol. 1 : *The Study of Elites* ; vol. 2 : *Critical Perspectives* ; vol. 3 : *Interlocking Dictatorships and Corporate Networks*, Aldershot, Edward Elgar Publishing Ltd, 1990.

SIMMEL Georg, *Sociologie. Étude sur les formes de la socialisation*, trad. fr., Paris, PUF, 1999 (1re éd. allemande, 1908).

SIMON Pierre-Jean, *Histoire de la sociologie*, Paris, PUF, coll. « Fondamental », 1991.

STANWORTH Philip et GIDDENS Anthony, *Elites and Power in British society*, Cambridge, Cambridge University Press, 1974.

STANISZKIS Jadwiga, *The Dynamics of the Breakthrough in Eastern Europe. The Polish Experience*, Berkeley, University of California Press, 1991*a*

– « Political Capitalism in Poland », *Eastern European Politics and Societies*, vol. 5, 1991*b*, p. 127-141.

STEINER Kurt, *Politics in Austria*, Boston, Little Brown, 1972.

SULEIMAN Ezra N., *Les Élites en France. Grands corps et grandes écoles*, trad. fr., Paris, Seuil, 1979 (1e éd. américaine, 1978).

SVALASTOGA Kaare, « Elite and Social System », *Acta Sociologica*, vol. 12, nº 1, 1969, p. 13-19.

SZELENYI Ivan et SZELENYI Szonja, « Circulation or Reproduction of Elites during the Postcommunist Transformation of Eastern Europe », *Theory and Society*, vol. 24, 1995, p. 615-638.

THOMPSON Kenneth, « French Sociology seen from Britain », *Revue suisse de sociologie*, vol. 19, 1993, p. 621-625.

TILKIDJIEV Nikolai, « Social Stratification in Post-Communist Bulgaria », *in* : Jacques COENEN-HUTHER, Ed., 1996, *Bulgaria at the Crossroads*. New York, Nova Science Publishers, 1996, p. 79-96.

TOCQUEVILLE Alexis de, *De la démocratie en Amérique*, tome I, Paris, Éditions Vrin, 1990, p. 13-14 (1re éd., 1835).

– *L'Ancien Régime et la Révolution, Œuvres complètes*, tome II, vol. 1, Paris, Gallimard, 1952 (1re éd., 1856).

– *Souvenirs, Œuvres complètes*, tome XII, Paris, Gallimard, 1964 (1re éd., 1893)

TOURAINE Alain, *Production de la société*, Paris, Seuil, 1973.

VALADE Bernard, *Pareto. La Naissance d'une autre sociologie*, Paris, PUF, coll. « Sociologies », 1990.

– *Introduction aux sciences sociales*, Paris, PUF, coll. « Premier cycle », 1996.

VEBLEN Thorstein, *Théorie de la classe de loisir*, trad. fr., Paris, Gallimard, 1970 (1e éd. américaine, 1899).

VLADIMIROV Jelio, « L'éthos démocratique dans la Bulgarie postcommuniste », *in* Jean-Pierre GERN Éd., *La Bulgarie : une transition menacée*, Neuchâtel, EDES, 1996.

VOSLENSKY Michael, *La Nomenklatura. Les privilégiés en URSS*, trad. de l'allemand, Paris, Belfond, 1980.

WINDOLF Paul, « Privatization and Elite Reproduction in Eastern Europe », *Archives européennes de sociologie*, vol. XXXIX, nº 2, 1998, p. 335-376.

— Index —

Index des noms propres

Index des notions

440

Achevé d'imprimer sur les presses de l'imprimerie France Quercy - Cahors
Dépôt légal : mars 2004 - N° 40230 - N° éditeur : 10087487 - mars 2004

Imprimé en France